FORMATION ET DEVELOPPEMENTS

DU MEME AUTEUR :

Déjà paru :
« L'Education malade de la Formation Professionnelle »,
Editions Casterman, Collection E3.

A paraître :
« Expériences de formation au sud et au nord »,
Les Editions Ouvrières, Collection Nord-Sud.

 *PSYCHOLOGIE ET SCIENCES HUMAINES*

André Boutin

formation et développements

PIERRE MARDAGA, EDITEUR
2, GALERIE DES PRINCES, 1000 BRUXELLES

© Pierre Mardaga, éditeur
37, rue de la Province, 4020 Liège
2, Galerie des Princes, 1000 Bruxelles
D. 1983-0024-1

Préface

« L'Homme est son propre but » : à partir de cette idée, qui date au moins d'Aristote, André Boutin se propose de construire une théorie efficace de la formation continue.

Pour les groupes comme pour les individus, il n'y a d'existence que dans l'évolution. Qui ne progresse pas recule, qui ne court pas le risque du changement s'autodétruit : demandez donc aux dinosaures...

Cette aventure des espèces est, d'une certaine manière, celle de la formation continue, c'est-à-dire de la capacité propre à l'homme d'ajouter au comportement instinctif inscrit dans ses gènes, des connaissances, des principes d'action tirés de l'expérience ou de l'étude et transmissibles plus ou moins consciemment de mémoire à mémoire.

Paradoxalement, au moins en apparence, la généralisation du phénomène scolaire dans nos sociétés modernes est venu s'opposer à ce que l'on reconnaisse la formation continue dans sa dimension temporelle, c'est-à-dire à l'œuvre dans tous les instants de notre vie.

De cette idée simple procèdent deux constats élémentaires, lourds de conséquences. D'abord que la formation continue ignore la morale, que la propagande ou la publicité relèvent de la formation continue tout autant que l'instruction civique, les cours de maths ou ces dures leçons qu'infligent parfois les choses et les événements. Ensuite, que la reconnaissance de l'universalité de la formation continue fournit un moyen de s'opposer, par des formations conscientes, aux principales perversions des mécanismes sociaux.

Au total, on retrouve cette évidence qui mérite d'être rappelée: l'homme est formé par son environnement en même temps qu'il forme celui-ci. Ecologie et éducation permanente tendent donc à se confondre dans la recherche d'une symbiose entre les individus et leur entourage naturel et collectif.

L'idéalisme du postulat — la formation de l'homme est le but, jamais un moyen — ne cantonne pourtant pas ce livre dans une sorte d'élégie sociale réservée aux belles âmes. Dans la théorie et les témoignages de l'auteur, je retrouve les principes à l'œuvre aujourd'hui dans l'action entreprise par le gouvernement pour une planification décentralisée et pour l'économie sociale.

Lorsqu'un programme de formation consiste en effet à mettre des groupes d'adultes en situation de mieux connaître les atouts et les insuffisances du bassin géographique qu'ils habitent, puis de faire surgir de ces prises de conscience des initiatives de développements individuels et collectifs, ce processus d'apprentissage social sert la planification décentralisée. La volonté de faire de la formation des adultes une démarche autonome, collective et responsable, permet d'inventer des outils de décentralisation et de planification.

Parmi ces outils, on peut citer l'exemple de l'utilisation des conventions de formation continue, impliquant des fragments entiers du dispositif de l'Education Nationale dans des projets de formation-développement qui resteraient inaccessibles à des établissements demeurant dans « l'orthodoxie éducative ».

C'est aussi l'emploi de banques de données « ressources humaines » mettant une grande partie de l'appareil statistique de l'I.N.S.E.E. du Travail et de l'Education Nationale au service de commissions locales appelées à systématiser la problématique formation-développement sur leurs bassins géographiques. Une telle démarche illustre la fonction pédagogique de la planification. Les membres des commissions locales se forment en utilisant des matériaux statistiques nouveaux, qu'ils confrontent avec les diagnostics de terrain. Simultanément, les gestionnaires des banques de données adaptent leur langage à celui des partenaires locaux et modifient présentation et raisonnement pour prendre en compte les faits vécus qu'on peut leur objecter. La concertation n'est jamais facile, mais l'appuyer sur des informations fiables est la seule façon de rendre les affrontements productifs.

Entendre ainsi la programmation décentralisée des moyens de formation rend au Plan sa dimension la plus humaine. En définissant à divers niveaux géographiques des objectifs de développement la formation continue vaccine contre la technocratie, avide de considérer les équipements comme une fin en soi pour la raison qu'ils sont plus maîtrisables que le matériau humain impertinemment « ondoyant et divers ».

André Boutin montre aussi que des formations ayant pour trait commun de rendre individus et groupes conscients et responsables de leur sort, peuvent aider au développement de l'économie sociale. L'économie se fourvoie si, sans régler les modalités de la répartition des biens qui sont créés, elle en exalte la multiplication et surtout celle des signes monétaires par lesquels ces biens s'échangent. Pour l'économie sociale, au contraire, le profit cesse d'être une fin pour devenir un témoignage d'efficacité et le moyen de rémunérer travail et investissements.

C'est aux entreprises d'économie sociale qu'il reviendra de briser le paradoxe qui fait que les compétences libérées par les gains de productivité ne peuvent s'employer pour satisfaire des besoins sociaux ou culturels non accrédités sur le marché et, de ce fait, insolvables.

Economie sociale et formation-développement sont, par définition, au service de l'individu: elles vont donc naturellement de concert.

Ici, ce sont des chômeurs se passionnant pour le chantier qu'ils réalisent dans un stage associant acquisisition des connaissances et production. Sous quelques années, certains d'entre eux réaliseront un projet collectif, écho de l'expérience acquise en stage. Là, ce peut être des employeurs redécouvrant la vocation formatrice de leur entreprise — et la leur, du même coup — après avoir accueilli de jeunes stagiaires en formation alternée. La conscience d'un rôle social est moins fade que la seule recherche de bénéfices. Ailleurs encore, ce sont des stagiaires qui créent leur entreprise au terme d'une formation, entreprise qui pour être souvent de type classique conserve toujours, de par son origine, une orientation sociale.

Tous redécouvrent cette évidence que vivre, c'est entreprendre. Vendre sa force de travail, fonder un foyer, créer une entreprise sont des démarches de même nature et il nous faut sans doute réapprendre à considérer la troisième comme une réalité aussi banale que les deux autres.

Dès lors, la formation-développement devient infiniment plus que l'accès aux qualifications professionnelles, qui ne représente qu'une phase particulière de l'épanouissement des individus. Encore faut-il que l'accès aux qualifications puisse à la fois nourrir et provoquer la créativité de celui qui se forme.

A défaut, sa qualification l'asservit et il ne se réalisera que s'il s'invente d'autres compétences sociales, artistiques, ludiques, par des formations explicites ou non. Contrairement à une idée reçue, la crise ne se résume pas à l'insuffisance quantitative des emplois : celle-ci est au moins autant la résultante de l'incapacité de notre société à mobiliser une fraction supplémentaire des virtualités créatives des gens, à faire appel au surcroît de qualification que chacun recèle en lui-même.

Mais la créativité est séditieuse. Une formation étroitement professionnelle est réclamée par les plus conservateurs, à la fois parmi le patronat et dans les milieux politiques et syndicaux d'abord soucieux de stabiliser leur clientèle. Cette rencontre n'est pas fortuite, car l'assujettissement de la main-d'œuvre, enfermée dans son métier, fonde aussi bien le pouvoir du patronat de droit divin que ceux des contre-pouvoirs auxquels les travailleurs peuvent se référer instinctivement.

L'apport de *Formation et développements* à l'économie sociale réside aussi dans l'éclairage nouveau braqué sur toutes sortes de freins institutionnels. L'universalité du phénomène « formation » recouvre la possibilité d'apprendre aussi bien pour des acquisitions culturelles que contre les mutilations qui résultent de formations négatives infligées par les mécanismes sociaux. Dès le début de l'ouvrage, sont traités les phénomènes d'exclusion qui caractérisent tant le chômage des individus que la difficulté de créer des entreprises nouvelles et la mise à l'écart des circuits d'activité de certains bassins géographiques.

L'acquisition d'un statut de travailleur protégé, d'entrepreneur installé ou de région prospère « forme » leurs bénéficiaires à des comportements et à une problématique stéréotypés, pleins d'égoïsme sacré. Par les projets et les réseaux qu'elles mettent en place, les formations-développement sapent ces attitudes malthusiennes, préparant à l'apprentissage de la solidarité. Elles contribueront peut-être aussi à ouvrir grand les fenêtres de notre bastion éducatif: notre grande école publique, victime à la fois de son succès ancien, cause d'hypertrophie, et de la longue suspicion du pouvoir précédent qui la tenait à l'écart de la vie sociale et la privait de moyens, l'a par trop conduite à se replier sur elle-même.

Les expériences de décentralisation contractuelle décrites par André Boutin constituent des exceptions heuruses, où l'on voit des établissements relevant de l'Education Nationale participer pleinement à la vie locale après avoir souscrit à des règles négociées avec des autorités extérieures à leur hiérarchie. Je ne suis pas surpris de cette nouvelle illustration de l'efficacité des procédures contractuelles. Il doit être possible d'en généraliser et diversifier l'application pour permettre aux autorités décentralisées et déconcentrées d'intégrer, avec le plein accord des enseignants, les moyens de l'éducation à des projets de développement local.

Un siècle s'est écoulé depuis la promulgation des grandes lois scolaires qui consolidaient la République en faisant accéder tous les citoyens à la même instruction publique. Après avoir mené à bien ce projet historique, l'école républicaine s'est ramifiée, professionnalisée et un peu essouflée. Comme toutes les grandes institutions, elle devient victime de sa taille. Aujourd'hui, elle-même dépend, pour s'adapter, des sollicitations extérieures de la formation continue.

C'est précisément avec celle-ci, procédure développée au bénéfice des adultes que la vie moderne contraint à un apprentissage perpétuel, que peut s'inventer la pédagogie du changement.

Dans *Formation et développements,* elle oppose au schéma centralisé et individualiste traditionnel des projets de développement responsables, libres et collectifs. La formation continue doit pouvoir contribuer à créer les conditions de la démocratie économique et sociale — ce que le Premier Ministre, Pierre Mauroy, appelait «une nouvelle citoyenneté» —, cent ans après que l'instruction publique ait rendu le même service à la démocratie politique.

Michel ROCARD
Ministre d'Etat,
Ministre du Plan et de
l'Aménagement du Territoire

Avant-propos

L'école publique laïque et universelle a, conformément aux vœux de ses promoteurs, créé les conditions de la démocratie et cimenté l'unité du pays. Les cérémonies du centenaire célébreront justement la réussite de cette mission. L'administration gigantesque qui s'est mise en place pour la réaliser a adopté en outre, depuis un demi-siècle des objectifs professionnels devenus considérables à la fin de la dernière guerre. Ils sont en passe de devenir dominants. Mais le Ministère de l'Education Nationale procède et procédera longtemps encore d'une logique jacobine bien enracinée qui, malgré les déclarations d'intention contraires, pourrait se renforcer de la bonne fortune politique récente de nombreux enseignants. L'Education réfrénera difficilement sa nature centralisatrice et la tendance de ceux qui la constituent à former un monde à part. L'économie demande des compétences adaptables dans le temps et l'espace, l'éducation offre des modèles nationaux, n'anticipe jamais sur les évolutions technologiques prévisibles et les suit avec retard... La crise de

1973 a souligné un écart entre les compétences enseignées et les besoins réels, écart qui se serait manifesté tôt ou tard.

Que la relation formation-emploi s'établisse difficilement masque un autre phénomène. A long terme, le système de formation agit sur les structures de production. Les formations françaises qualifiées parfois de méritocratiques aboutissent à des systèmes d'emploi comportant beaucoup de cadres, de maîtrise et d'ouvriers spécialisés et relativement peu d'ouvriers professionnels. Au contraire, la formation en Allemagne contribue à produire de nombreux ouvriers professionnels qui exercent dans les entreprises de larges responsabilités. Les autres catégories sont moins nombreuses et le système allemand apparaît plus performant. C'est à partir de ce constat que beaucoup prônent le développement, en France, de formations alternées proches des solutions allemandes. Sans méconnaître l'intérêt de cette recommandation, il faut prendre garde qu'elle ne fasse oublier l'essentiel, la capacité des systèmes de formation à agir sur l'économie. Les solutions allemandes et françaises sont des fruits de l'histoire, et la meilleure adaptation du modèle d'outre-Rhin à son propre milieu socio-économique ne garantit pas que, plaqué sur la réalité française, ce modèle apparaîtrait plus performant que les procédures actuelles.

Auraient une efficacité beaucoup plus grande des systèmes de formation conçus de façon délibérée pour apprivoiser l'économie comme l'instruction publique a enraciné la démocratie en France. Ces systèmes de formation qui pourraient inclure l'alternance, ne seraient certainement pas des copies de l'enseignement initial. Ils seraient inventions culturelles aux niveaux nationaux, régionaux et locaux appropriés. Les définir, les adapter progressivement pour induire par eux les conséquences socio-économiques souhaitées serait découvrir le continent de la formation permanente[1].

Le présent livre s'adresse aux formateurs et aux responsables du développement. Les uns et les autres savent que la formation modèle, pour une large part, nos évolutions. L'art de programmer des formations aux initiatives individuelles et collectives opportunes mérite d'être approfondi.

NOTE

[1] Education initiale et formation continuée constituent la formation continue ou éducation permanente. Les enseignements reçus relèvent de l'éducation initiale ou de la formation continuée selon qu'ils se situent en deçà ou au-delà de l'entrée dans la vie active.

Introduction

Des raisons historiques et aussi l'importance que représente dans la vie de chacun, élèves puis parents, l'éducation initiale font que la formation ou éducation continuée apparaît souvent comme une catégorie accessoire.

Pour beaucoup, son rôle se limiterait à actualiser les connaissances acquises sous l'empire de l'éducation initiale ou, dans l'hypothèse la plus ambitieuse, à recycler ces connaissances. La formation continuée serait ainsi condamnée, par nature, à la complémentarité marginale. Elle pourrait compenser les insuffisances éventuelles de l'éducation initiale et pallier les difficultés rencontrées lorsque les aléas de la vie, et surtout de l'activité économique, commandent des changements d'orientation.

La typologie retenue dans les lois de juillet 1971, qui sont en France la charte de la formation professionnelle, exprime le caractère surtout correcteur, donc captif, jusqu'ici imparti à la formation continuée. Les stages doivent, en effet, appartenir à l'une des six catégories suivantes: entretien et perfectionnement des connaissances, adaptation, prévention, conversion, préformation, promotion. Même la promotion qui, sous l'expression plus courante de « promotion sociale », constitue pour beaucoup la partie noble de la formation continuée et désigne les processus de formation devant permettre à des travailleurs d'acquérir des qualifications justifiant leur progression dans les hiérarchies du travail, est en situation de dépendance. Elle se développe, en effet, le plus souvent selon des programmes qui restent ceux que l'éducation initiale a mis au point pour les diplômes, notamment les diplômes technologiques visés par ces formations.

Plus généralement, le fait qu'une grande partie des cycles de formation continuée soit assumée par des professeurs de l'Education ou des Universités amène ceux-ci à transposer naturellement vers leur public adulte, les méthodes d'enseignement initial.

Il est courant d'entendre dire qu'un des avantages de la formation continuée serait de permettre aux enseignants de l'éducation qui y prennent part, de renouveler leur pédagogie par leurs contacts avec des publics nouveaux. C'est vrai, mais dans une mesure certainement assez faible. On observera plus souvent la persistance des habitudes prises avec des enfants ou des adolescents. Ce constat n'est pas propre à la France seule. Au Québec, par exemple, l'ensemble de l'éducation permanente qui semble connaître un développement nettement plus marqué qu'en France, est réalisé par référence aux diplômes définis dans le cadre de l'éducation initiale. Toutefois, dans ce pays, la possibilité de poursuivre, même en formation initiale, l'étude de chaque matière à des rythmes différents — on acceptera par exemple jusqu'à deux ans d'écart entre les résultats obtenus en mathématiques et en français — permet une personnalisation des démarches éducatives qui doit compenser, pour partie, la projection en éducation permanente des modèles de l'enseignement initial.

Cependant, et bien que ces modèles de l'éducation initiale marquent très profondément éducation et formation continuées, celles-ci tendent à l'autonomie. Dans tous les pays, se développent un droit et des pratiques particuliers à la formation des adultes et des jeunes ayant quitté l'appareil scolaire.

Les fonctions qui différencient la formation continuée de l'éducation sont esquissées. C'est ainsi que dans un rapport de l'Organisation Communautaire de Développement Economique, des démarches originales de formation permanente étaient circonscrites, distinguées selon qu'elles pouvaient contribuer au développement de régions rurales, au développement de régions industrielles, à l'émancipation de la femme et au progrès social de groupes humains en difficulté. Dans le même rapport, il est noté que la formation continuée tend à créer un nouveau type de formateur très différent de l'enseignement classique. Toutefois, l'existence de plusieurs typologies s'y rapportant — outre celles des lois françaises de 1971 et de la classification plus récente proposée par le groupe de travail de l'O.C.D.E., il serait possible d'en citer beaucoup d'autres — ne fonde que très partiellement l'originalité de la fonction formation continuée. En effet, si la typologie propre aux lois françaises de 1971 a finalement réintégré les contraintes des diplômes de l'éducation, notamment par la voie de la promotion sociale, les catégories proposées par l'O.C.D.E. et celles qui s'en rapprochent, ravalent la formation continuée à un rang subalterne dans l'arsenal des moyens publics. Pour cesser d'être un mauvais reflet de la formation initiale, cette formation continuée deviendrait un accessoire de l'action économique et sociale exercée à titre principal par d'autres structures.

Au-delà de ces témoignages partiels, se développe timidement un courant de pensée qui fait de la formation permanente une fonction majeure. D'abord, la formation permanente existe partout dans les textes et dans les institutions, même si, par un réflexe naturel, les structures puissantes en charge de l'éducation initiale ont tendance à l'absorber. Surtout, elle répond à cette conviction que l'homme toujours immature est, au sens propre, continuellement en «formation». Les démarches de formation initiale ne sont plus, si l'on admet cette conception, qu'une zone privilégiée à l'intérieur de la formation permanente. Ajoutons que dans la vie moderne, ce principe de droit naturel est renforcé par l'évolution socio-économique sans cesse accélérée et mutante. Hommes et groupes doivent se former pour s'adapter aux variations continuelles de leur méthodologie sociale. De plus en plus, il faudra changer dans son métier, passer d'un métier à l'autre, répondre par des comportements individuels et collectifs nouveaux à des situations inconnues. Dans ce contexte, la capacité de se former tout au long de l'existence — qui, ainsi que le rire, serait le propre de l'homme — devient discipline de survie.

Malgré sa cohérence, ce discours a jusqu'ici peu convaincu de par le monde. Le plan de développement de la formation professionnelle à cinq ans présenté à la fin du septennat de Valéry Giscard d'Estaing, concernait essentiellement les jeunes. L'objectif du nouveau gouvernement socialiste semble globalement le même. L'effort devrait donc être axé sur la formation initiale vis-à-vis de laquelle la formation continuée jouera seulement un rôle correcteur et adaptateur. Or, si l'éducation des jeunes revêt de tout temps une importance fondamentale, lui conférer une priorité qui marginalise la formation continuée des adultes méconnaît le rôle que pourrait jouer celle-ci dans le développement des activités. Par construction, l'éducation des jeunes est reproductive et lui porter plus d'intérêt ne créera pas des comportements réagissant contre les mécanismes de spécialisation et d'exclusion à l'œuvre dans nos sociétés sous l'appellation fataliste de crise.

Les systèmes de formation sont à la fois produits et instruments de l'histoire. Nous vivons une période où l'institutionnalisation intense de ces systèmes s'oppose aux modifications nécessaires et bien des difficultés en résultent. Revenir sur les grandes étapes de l'apparition et du développement des apprentissages conscients fait apparaître la nécessité et l'importance de l'option à prendre. L'histoire est accumulation de savoirs, c'est-à-dire d'informations assorties de données méthodologiques permettant d'améliorer sans cesse recueil et emploi desdites informations.

Du point de vue du développement des démarches formatrices, on pourrait retenir quatre âges. Le premier rassemblerait les millénaires au cours desquels les hommes se sont formés presque sans le savoir. Il n'y avait pas apprentissage de comportements efficaces à partir d'une analyse rationnelle des perceptions, mais initiation métaphysique assortie de quelques recettes qui, pour être fondées sur une interprétation animiste du monde, n'en avaient pas moins leur utilité. Pour le reste, l'expérience de la vie individuelle et en groupe servait d'école et il n'y avait pas d'éducation reconnue hormis celle consacrée par l'âge. Les écritures relevèrent d'abord du sacré et constituèrent des degrés d'initiation avant d'être employées à des usages profanes. C'est à partir de là que se constituèrent des préfigurations d'écoles, institutions amphibies où les enfants étaient initiés à la cosmologie métaphysique et au langage de leur groupe social.

Le deuxième âge de la formation continue prenait place. Certes, l'enseignement des jeunes aristocrates grecs portait sur la musique, la danse, la culture physique et l'éloquence, alors que les adolescents bien nés contemporains de Charlemagne apprenaient surtout l'écriture, le latin et la religion. Les éducations, réservées aux enfants et aux jeunes des classes dominantes, étaient élitistes avec pour fonction principale de préparer la voie aux structures d'encadrement du groupe par mémorisation des valeurs reçues par celui-ci. Leur organisation était autoritaire et même brutale, le rapport maître-élève reflétant le pouvoir absolu du prince sur ses sujets en préfigurait la reproduction dans l'ordre social.

Assez vite, il apparut que le capital d'informations emmagasinées n'était plus maîtrisable dans des écoles d'un seul type, et des établissements spécialisés naquirent, à commencer par les Facultés de Droit et de Médecine. Cependant, ces écoles à fonction dominante de reproduction sociale devinrent à la marge foyer de contestation. De même que l'usage profane de l'écriture a dû naître d'un blasphème — c'est ce qu'on appelle le fonctionnement récurrent de la pensée — les écoles chargées de transmettre les valeurs éternelles ont produit des hérétiques. Longtemps brûlés, les chasseurs de révélation, de pierre philosophale ou de nouvelle société ont imposé qui la Réforme, qui la chimie, qui les lumières de la raison et ouvert écoles à leur tour.

A travers bien des tâtonnements, grâce aux méthodes et aux langages perfectionnés par ces écoles et l'expérience, le capital des informations traitées s'enrichissait, provoquant révolution des transports de l'industrie et de l'agriculture, accumulation d'autres informations mises en valeur de façon toujours plus scientifique. Toutes les sociétés développées en arrivaient à un seuil où le progrès du groupe dépendait de l'accès du plus grand nombre aux savoirs fondamentaux. Ce fut le début du troisième âge de l'éducation consacré, il y a plus d'un siècle dans notre pays, par les lois sur l'école gratuite obligatoire et laïque.

Beaucoup de nations dites sous-développées n'ont pas encore atteint ce stade et il n'est sans doute pas souhaitable qu'elles copient les systèmes d'éducation universelle des pays riches aussi longtemps que la masse des informations digérées par leur culture n'en crée pas l'obligation. D'autres voies existent qui leur permettent de brûler les étapes en instruisant d'abord les minorités soucieuses de s'affranchir de ce que Galbraith appelle «l'accommodation à la pauvreté»[1]. Et l'instruction de ces minorités ne devra pas être exclusivement juvénile, mais ceci est une autre histoire.

Revenons-nous au troisième âge de l'éducation que vivent les nations économiquement développées telles que la nôtre. L'enseignement, tout au moins l'instruction de base, n'y est plus élitiste comme au cours des siècles précédents. Elle reste toutefois réservée à peu près exclusivement aux classes jeunes. En outre, la division des savoirs, reflet très déformé de la division sociale du travail, et les approfondissements qu'elle autorise font que l'élitisme évacué par la porte de l'enseignement primaire revient par les fenêtres du secondaire et les cheminées du supérieur. Informations et sciences appliquées, plus nombreuses et perfectionnistes, débouchent sur une technologie particulière, l'informatique qui multiplie de façon vertigineuse capacité de saisie et de traitement des mêmes informations réduisant l'espérance de vie des connaissances et des méthodologies. Dès lors, et quoi qu'on fasse ou pense, il est insuffisant que l'enseignement juvénile touche tous les individus. Système reproducteur fait pour fonctionner au rythme des générations, cet enseignement juvénile s'épuise à traiter des sujets notamment d'application professionnelle dont les modèles ne durent que quelques saisons. Structure lourde et rigide, il en vient à négliger sa mission première, l'apprentissage des langages fondamentaux, dans les efforts vains qu'il tente pour adapter la formation à des métiers et des fonctions toujours plus changeants.

Le quatrième âge de l'éducation, celui de la formation continue, a sonné. Apprendre consciemment de façon ininterrompue devient une exigence fonctionnelle, politique et sociale. Fonctionnelle parce que cet apprentissage, partie autoformation appuyée sur les expériences de travail et partie enseignement théorique, conditionne l'adaptation permanente des hommes à leurs outils changeants. Politique, parce que de cette adaptation permanente et générale dépend la maîtrise par le plus grand nombre des outils de traitement de l'information qui sont aussi ceux du pouvoir. Sociale, parce que l'exigence fonctionnelle et politique d'adaptation continue va au-devant de la nécessité de redistribuer tout au long de la vie les cartes d'affectation sociale, de remédier en un mot aux inégalités résultant du jeu exclusif de l'éducation initiale.

Cette réflexion conduit loin de la formation continue « supplément d'âme » propre à atténuer les conflits sociaux, emplâtre culturel fabriqué avec les surplus des intendances scolaires.

Dans une société rendue de plus en plus complexe par les masses d'informations qu'elle gère, les organisations centralisées s'étouffent. L'exigence de décentralisation et de déconcentration correspond à cette évidence que des sous-ensembles plus réduits pourront constituer des systèmes d'autant plus maîtrisables que les individus eux-mêmes assumeront des responsabilités plus étendues. Mais ceci suppose des individus efficaces — le XXe ou le XXIe siècle sera le siècle des individus éclairés — vivant à la fois l'ère de l'information et de la formation permanentes. Caractérisé par la remise en cause constante de la plupart des données, le temps de l'information permanente exigera sans cesse l'actualisation des connaissances opérationnelles des travailleurs. La formation continuée ne sera plus la béquille chargée de compenser les insuffisances ou les ratés de l'éducation initiale. Elle constituera, avec celle-ci, la formation continue, ensemble cohérent dans lequel l'éducation initiale, étude des langages et des méthodes, préparera la voie à la formation continuée, apprentissage et actualisation des modes opératoires. Les deux démarches s'interpénétreront, mais pour l'essentiel l'éducation assumera la transmission des valeurs constantes tandis que la formation continuée sera la fonction du changement à l'intérieur comme à l'extérieur des entreprises.

Elle remplit déjà largement cette mission. Les entreprises françaises consacrent de gros moyens à entretenir et perfectionner les connaissances de leur personnel et on cite comme un exemple de sagacité industrielle la durée considérable consacrée par les Japonais à la formation des techniciens en cours d'emploi. Cela ne signifie pas que l'organisation actuelle des systèmes de formation unisse harmonieusement éducation initiale et formation continuée. Nous vivons une période de transition au cours de laquelle les institutions agressées par ce vent de changement qui a nom information permanente, succombent à des réflexes conservateurs et se heurtent à la formation continuée, doublet actif de l'information permanente. Cela vaut pour l'administration de l'éducation qui prétend capter la fonction formation continuée en la pliant le plus souvent aux pratiques de la formation initiale, rigides, centralisées et... diplômées.

Cela est vrai aussi de beaucoup d'entreprises dont les gains de productivité nés des meilleures gestions permises par l'information permanente s'accompagnent d'une spécialisation toujours plus poussée dans les productions performantes et d'un recours accru à la sous-traitance. Pour ces structures de production, le progrès technologique entraîne réduction des charges de main-d'œuvre. C'est une forme de résistance au changement dans la mesure où les mêmes gains de productivité pourraient être considérés comme dégageant des ressources humaines affectables à des innovations productives, c'est-à-dire à de nouveaux traitements d'informations ou, pour faire court, au changement. Ceci n'est pas une hypothèse d'école, mais un schéma observable chaque fois que des contraintes culturelles rendent presque impossible le licenciement des travailleurs « libérés » par des mutations technologiques. Le paternalisme japonais puise dans cette pratique une large part de son dynamisme innovateur.

Les petits industriels de la Vendée ont un comportement comparable. Ils sont couramment les édiles des localités où leurs entreprises sont implantées et ils témoignent de beaucoup d'ingéniosité pour réemployer les administrés dont les suffrages les font notables. Le département de la Vendée jouit, au plan de l'emploi et de l'activité, d'une situation enviable alors que son voisin, les Charentes Maritimes, avec des conditions naturelles peu différentes, est une des lanternes rouges du chômage. Dire que cela correspond au fait que les Charentes Maritimes ont « bénéficié » des implantations de grands groupes industriels qui pratiquent des restructurations économiques sans arrière-pensée électorale n'est peut-être pas une simplification abusive.

Les pratiques japonaises ou vendéennes pourront apparaître comme incompatibles avec les principes fondamentaux de la République et ils sont surtout évoqués ici pour dissocier productivité et exclusion de travailleurs surnuméraires. A l'heure actuelle, la tendance dominante des grandes entreprises de nos pays reste l'allègement systématique des effectifs. C'est alors à la collectivité que revient la charge du chômage correspondant. Le jeu des politiques économiques des Etats et des groupes transnationaux a, sur des régions entières, des conséquences comparables à celles de la logique que les entreprises appliquent à leurs salariés apparemment trop nombreux. Ces régions où les facteurs de production humains et matériels ne sont pas réputés garantir une rentabilité suffisante aux investissements sont peu à peu rayées de la carte des activités.

La collectivité réagit passivement à ces exclusions, en dépit des troubles qu'elles comportent. Les demandeurs d'emploi sont indemnisés selon des régimes très inégaux et les zones en difficultés bénéficient de diverses aides. Seule exception à cette passivité, la formation continuée, surtout celle des jeunes. Considérant l'évidence que les personnes titulaires d'une qualification professionnelle demandée sur le marché du travail se placent mieux, les pouvoirs publics prétendent « agir » contre le chômage par la formation professionnelle classique. L'efficacité de cette démarche ne peut être que relative. Elle reste à peu près sans effet sur le volume global des emplois offerts. Il est probable que l'élévation du niveau moyen des qualifications agissant sur les performances de l'économie élève à terme le niveau d'activité et d'emploi. Dans le cas des Pactes pour l'Emploi, l'efficacité de cette théorie fondée dans son principe reste marginale aussi longtemps que les taux d'embauche des formés est peu important et que les emplois offerts restent fragiles et peu qualifiés.

D'autres opérations contribuent mieux au placement, voire à la création d'emplois. Certaines sont évoquées comme exemples dans les annexes I, II et III. Toutes utilisent la démarche de « formation-production » : les promoteurs choisissent des biens ou des services auxquels les initiatives locales pourvoient mal. Ils ébauchent un projet de fabrication ou de fourniture de ces biens ou services, et le programme de formation qui permettra aux stagiaires d'assumer les productions prévues.

Le programme de formation et le processus productif sont précisés avec le concours des stagiaires qui reçoivent généralement une formation théorique avant de participer à la production. Ils se déplacent alors d'un poste de travail à l'autre, repèrent avec les animateurs leurs propres insuffisances et définissent les compléments de formation qui permettront de les combler. Assez fréquemment, le cycle de formation-production révèle des incompatibilités et il faut réorienter les stagiaires.

Les situations de formation-production sont diverses, allant par des chantiers de construction, de l'enquête statistique à l'organisation d'une exposition. Toutes intègrent production, acquisisiton des connaissances et exercice de responsabilités. Participation à la création et à la vie d'un système de travail, le stage recrée les conditions d'une expérience professionnelle et permet souvent de multiples contacts, l'ensemble facilitant les placements en fin d'opération.

La méthode est efficace pour la création d'entreprises ou le développement de zones géographiques en crise. Dans ces hypothèses, les entreprises, les programmes de croissance sont les « produits » du stage. Les exemples qui illustrent, en annexes, l'efficacité empirique et tâtonnante des formations-productions sont présentés en trois parties selon que ces programmes réagissent contre l'une ou l'autre des exclusions caractéristiques de nos dysfonctionnements sociaux. Les stages de formation-production « élémentaires » sont inventions de systèmes à la fois productifs et formateurs qui permettent d'acquérir, outre certaines qualifications, les aptitudes à communiquer et à organiser. Celles-ci aident à surmonter les réticences des entreprises à l'embauche.

Les formations liées aux créations d'entreprises peuvent favoriser la naissance d'établissements ayant pour but d'exploiter des nouveautés auxquelles les entreprises en place ne s'intéressaient pas. Ces entreprises dominantes écartent les innovations par horreur du risque et aussi en bonnes gestionnaires d'investissements lourds. De tels investissements confèrent à la structure qui les gère le privilège d'infaillibilité qui est la garantie des bailleurs de fonds. Jusqu'à l'amortissement et, si possible, au-delà la structure devra gérer l'équipement réalisé, tordant le cou si besoin est aux inventions qui en abrégeraient l'existence.

Enfin, des programmes plus ambitieux aident les habitants de certaines zones géographiques à découvrir les remèdes aux phénomènes de marginalisation dont ils sont collectivement victimes.

Insolites aux yeux contemporains parce qu'elles s'écartent du modèle scolaire, ces expériences rendent à des exclus la capacité de maîtriser les informations qui conditionnent leurs activités. Elles sont aussi illustration authentique de la fonction « formation continuée » en ce qu'elles sont inventées pour répondre aux nécessités de l'action individuelle ou collective plutôt qu'au souci d'avoir la moyenne à l'examen. Ces formation se placent dans les perspectives évoquées par J. Voge quand il écrit: « Le rôle fondamental des communications dans une économie est de recueillir, de transférer et de diffuser l'une des ressources essentielles à la production — avec les matières premières et l'énergie — c'est-à-dire l'information et, dans son aspect le plus évolué, la connaissance »[2]. Toute la question est de cerner les nouveaux modes d'acquisition et d'usage de la connaissance que requiert l'évolution organique de celle-ci bouleversée par l'expansion des systèmes d'information. Les rythmes des existences individuelles et collectives fondées sur l'information s'accélèrent tandis que les structures politiques et économiques contemporaines de la révolution industrielle s'alourdissent encore et gèrent la vie collective de plus en plus lentement avec des marges d'erreur croissantes difficilement tolérées.

Le but du présent ouvrage est de montrer les caractères constants que présente la formation continuée travaillant à surmonter ces contradictions. Mieux connue, cette fonction pourrait être mieux organisée.

NOTES

[1] Il s'agit de comportements fatalistes qui consistent à toujours rentabiliser les modes de production hérités des ancêtres. Dans ces pays où l'équilibre ou subsistance est précaire, l'innovation peut comporter des risques mortels que les collectivités instinctivement se refusent à prendre. Dans les pays riches, au contraire, l'innovation peut être financée en prélevant sur le voluptuaire.

[2] Cité dans Claude Durieux, « Société d'information et Société économique — la grande bataille des communications », *Le Monde* du 13-2-1980.

PREMIERE PARTIE

LES SYMPTOMES DU CHANGEMENT

On ne se félicitera jamais assez de la réussite quantitative du phénomène éducatif en faveur des enfants des pays développés. Force est de constater toutefois que cette réussite marginalise la formation continuée dans les faits, les institutions et les idées dominantes.

Une fraction importante de nos concitoyens considère comme inopérante toute formation reçue après avoir abandonné les bancs de l'école ou de l'université, c'est-à-dire toute « formation continuée ». Beaucoup de ceux qui lui accordent droit de cité considèrent qu'il s'agit d'offrir à quelques malchanceux ou attardés, l'opportunité de terminer ces parcours scolaires imprudemment abandonnés. Les adultes réagissent souvent à cette image sociologique de la formation continuée en refusant toute idée d'un retour à l'école. Pour eux, redemander de la formation, c'est pérenniser un statut de mauvais élève, situation difficile à vivre dans une société organisée autour des premiers de la classe.

Les expériences examinées dans cette première partie ont au moins une caractéristique commune: elles se démarquent des modèles de l'école puérile, ignorent généralement diplômes, classes et premiers de promotion, et favorisent l'identification des groupes.

Chapitre I
Formation-production et emploi

L'exclusion est dans la logique de la division du travail et de la sectorisation des activités, ces deux mamelles du monde moderne, intarissables et pourtant desséchantes.

La formation professionnelle élémentaire est passée, il y a trente-cinq ans, de la responsabilité principale des entreprises à celle de l'Education. Ce transfert peut être analysé comme l'annexion de l'apprentissage des métiers par l'administration responsable jusqu'ici de l'enseignement général, l'opération concrétisant un rattachement juridique opéré dès 1920 avec la création du Sous-Secrétariat d'Etat à l'Enseignement Technique. Cependant, il est tout aussi légitime d'interpréter ce passage comme l'extériorisation, l'exclusion par les entreprises de la fonction formation professionnelle élémentaire des jeunes dont elles assumaient jusqu'alors la majeure partie. Les entreprises plus importantes et plus spécialisées qui se multipliaient étaient peu soucieuses de maintenir les traditions du compagnonnage et de l'artisanat. Beaucoup voyaient dans l'offre de service de l'Education Nationale l'opportunité de faire former gratuitement la main-d'œuvre qualifiée dont elles avaient besoin, la taxe d'apprentissage étant due en tout état de cause.

Que la rencontre du désir de prendre de l'administration et de la volonté de donner des entreprises ait été implicite n'ôte rien à son efficacité. Une réorganisation aussi profonde de l'enseignement technique élémentaire exigeait ce consentement mutuel. Rien ne l'inscrit dans l'évolution fatale des sociétés économiques modernes puisque des pays industriels comme l'Allemagne et la Suisse ont développé jusqu'à nos jours des systèmes de formations alternées partageant entre les entreprises et les centres spécialisés la responsabilité des apprentissages techniques.

Caractériser en ce qui concerne les entreprises l'aspect «exclusion» de ce transfert de responsabilité et de charges prend du relief aujourd'hui car nous vivons un phénomène de même nature appelé par les spécialistes «tendance à l'extériorisation de la force de travail». Cette tendance aboutit à la division du marché en deux secteurs, le secteur primaire rassemblant les emplois stables bien rémunérés et syndicalement protégés des grandes entreprises et de l'administration, et le secteur secondaire tous les autres.

La crise actuelle peut, en grande partie, être décrite comme l'expansion du secteur secondaire des emplois faits de contrats à durée déterminée, postes d'intérim, situation de travailleurs «indépendants» ou de salariés de fragiles entreprises sous-traitant une multitude de fonctions. Le secteur secondaire des emplois n'est que la face faiblement ensoleillée du chômage.

Pendant que le marché du travail évoluait ainsi, la formation professionnelle dispensée par l'Education devenait de moins en moins efficace. La situation de l'emploi était à la fois le révélateur et la cause de cette dégradation qui résultait aussi de la centralisation de la lourdeur et de la rigidité de la structure. Aujourd'hui, alors que les besoins de l'économie varient selon les temps et les lieux, le capital des compétences offertes reste enserré dans le quadrillage d'une multitude de certificats professionnels figés dans leurs définitions nationales. Le règne des diplômes a des affinités avec celui des distinctions honorifiques quand celles-ci prennent plus d'importance que les faits pour lesquels elles sont accordées.

Par suite des performances médiocres de l'Education, les entreprises remettent en cause «l'extériorisation» de la fonction formation professionnelle à laquelle elles avaient consenti après la deuxième guerre mondiale. Ce revirement marqué par la loi de juillet 1980 et l'ordonnance de mars 1982 qui traitent toutes deux de l'alternance, crée un paradoxe provoquant: il prend à contre-pied la tendance des entreprises à expulser le plus grand nombre possible d'emplois vers le secteur secondaire du marché du travail. Autrement dit, on prétend accroître la propension à former alors que la tendance à embaucher fléchit. Si, comme le prétendent certains syndicats, l'alternance n'est qu'un avatar du secteur secondaire du travail, les réformes envisagées sont inacceptables. Il en va autrement si la redécouverte par les entreprises de leur vocation majeure de formation préfigure une nouvelle expansion du secteur primaire du travail. Il faut donc examiner les relations de développement réciproque qui peuvent s'établir entre la formation et l'emploi productif. Au-delà de l'utilisation de certains postes de travail des entreprises à des fins pédagogiques qui caractérise l'alternance, les entreprises de formation-production[1] proposent des situations nouvelles, la formation créant l'emploi temporaire ou définitif qui sert de support à l'apprentissage.

Compte tenu de la domination désormais exercée en France par l'Education sur la formation professionnelle, traiter des relations entre formation et emploi productif c'est d'abord approfondir les rapports entre Education et entreprises. Leur histoire récente ne permet pas d'espérer mieux qu'un tardif mariage de raison dont on réclamerait pourtant une fécondité considérable. Si le gouvernement socialiste reprend, sur ce point, le projet de son prédécesseur, deux cent mille élèves de l'enseignement technique seraient, en 1985, sous le régime de l'éducation concertée[2]. Il convient d'y ajouter cent vingt mille apprentis, cent quinze mille bénéficiaires des nouveaux contrats de formation professionnelle alternée rémunérés par l'Etat. Au total, l'alternance devrait, dès 1985, préparer chaque année l'entrée dans la vie active de trois cent cinquante mille à quatre cent mille jeunes, les sorties de l'éducation concertée représentant un tiers du flux mentionné ci-dessus, les formations correspondantes durant en moyenne trois ans.

La capacité des formations alternées qui concernerait la moitié au moins des classes d'âges arrivant chaque année sur le marché du travail (750 000) devrait être multipliée en cinq ans par trois ou quatre puisqu'elle n'aura touché que cent quinze mille apprentis en 1981. C'est une mutation qui suppose des efforts considérables des entreprises et des formateurs. Examiner les tendances de notre histoire économique et sociale permet d'apprécier les chances de ce projet.

Lorsque dans les années qui ont suivi la guerre, l'Education a développé son potentiel d'enseignement technique le progrès fut incontestable. Auparavant la loi Astier (1919) n'avait pas suffi à revaloriser l'apprentissage et ce dernier restait trop souvent une filière de formation au rabais où les enseignements généraux et théoriques étaient négligés et les apprentis parfois traités comme une main-d'œuvre bon marché[3]. L'Education remplissait donc son rôle formateur et social en mettant en place de multiples filières débouchant sur des diplômes définis pour répondre aux besoins de l'industrie et du commerce, une place suffisante étant laissée aux matières générales. A l'époque, les organisations professionnelles d'employeurs ne protestèrent pas contre cette évolution. Ils étaient consultés sur la définition des diplômes techniques et la croissance suscitait des entreprises assez différentes des petites unités qui avaient jusqu'ici assuré la formation des apprentis. Ces entreprises nouvelles convaincues des bienfaits de la division du travail voyaient sans hostilité une grande administration assumer la fonction enseignement professionnel. Consciemment ou non, il est probable qu'elles étaient également sensibles à la diminution des charges que représentait le transfert à une autre structure et pour beaucoup sur budget d'Etat, de la responsabilité d'une formation technique qui, dans la situation d'avant-guerre, aurait été en grande partie à leur charge.

Plusieurs évolutions allaient perturber ce schéma. Devenue plus considérable par le développement de l'enseignement technique, l'Education réagit en mégastructure. Au Sous-Secrétariat d'Etat de 1920 succédait, en 1945, la Direction de l'Enseignement Technique qui elle-même disparaissait en 1960. Ainsi, l'appareil dominant de l'enseignement général réduisait le particularisme organique du technique caractérisé par une pédagogie de l'empirisme qui perdait son expression institutionnelle. Mil neuf cent soixante, c'était aussi le moment où l'obligation scolaire était portée à seize ans. L'enseignement technique qui accueillait jusqu'ici une partie de l'élite de ceux qui allaient au-delà du certificat d'études, se trouva de nouveau ravalé au rang de maillon inférieur de la chaîne éducative. Il redevenait enseignement technique élémentaire peu apprécié des familles, d'autant qu'il apparut très vite aux orienteurs comme la voie ouverte aux élèves du primaire éprouvant quelques difficultés à suivre les enseignements généraux.

Quant aux professeurs techniques, beaucoup s'intéressaient moins à cette nouvelle clientèle, plus difficile, et briguaient la parité de traitement avec les collègues de l'enseignement général, cette légitime revendication contribuant aussi à gommer la spécificité du technique.

Les forces qui poussaient à l'intégration structurelle et pédagogique de l'enseignement professionnel dans l'Education générale n'étaient pas les seules à écarter cet enseignement de l'actualité technologique en permanente évolution. Si les premiers diplômes définis alliaient heureusement impératifs culturels et exigences des métiers, il apparut vite que la lourdeur de l'Education se prêtait mal aux concertations efficaces avec les professionnels et ne permettait pas les adaptations nécessaires en temps et lieux opportuns. Des interférences politiques ajoutèrent à ces blocages. Au travers des diplômes de l'enseignement technique qui pouvaient être repris dans des conventions collectives, l'Education dont la sensibilité syndicale est à gauche, se trouvait en quelque sorte dépositaire des droits à qualification ou rémunération que ces diplômes ouvraient ou pouvaient ouvrir. Pour les organisations professionnelles d'employeurs dont l'orientation politique est parfois autre, cette prétention à intervenir indirectement dans l'organisation des entreprises contribuait à rendre mal supportable le quasi-monopole de l'Education en matière d'enseignement professionnel.

L'organisation des entreprises changeait. A côté d'ateliers artisanaux peu différents des modèles d'avant-guerre, apparaissaient des unités pratiquant encore le taylorisme ou instituant, au contraire, le travail par équipes autonomes et l'horaire à la carte. L'idée se faisait jour que l'acquisition d'un diplôme de l'enseignement technologique ne conférait pas toutes les aptitudes exigées par l'exercice des emplois auxquels ce diplôme était censé conduire. Il y a presque autant de situations de travail que d'emplois dans les différentes entreprises. Accéder à un emploi, c'est avoir la capacité de participer au système de travail correspondant, ensemble des relations fonctionnelles et humaines et de conditions pratiques de rythme et d'ambiance dictées par l'équation productive choisie par l'entreprise. L'étude de ces systèmes de travail, notamment par le C.E.R.E.Q.[4], montrait à la fois que les entreprises jouissent d'une grande liberté pour choisir leur « équation productive » combinaison du facteur humain avec les autres facteurs et qu'il revenait, par conséquent, à des individus ayant obtenu des diplômes de l'enseignement technologique identiques de s'adapter à des situations très différentes. Cependant, il apparaissait aussi que l'expérience professionnelle était transposable d'une entreprise à l'autre, ajoutant à la qualification une capacité d'adaptation à d'autres systèmes. Cette aptitude essentielle à intégrer des organisations efficaces, aucun enseignement technologique ne pouvait le conférer. Trente-cinq ans après, l'absorption de l'enseignement technique par l'Education ou, ce qui est une autre façon de dire la même chose, l'extériorisation de la fonction formation professionnelle par les entreprises, les deux mondes communiquent mal.

Par pesanteur naturelle, conviction politique, incapacité et hostilité à recréer en elle-même les conditions du travail réel, l'Education tend à ne produire que des qualifications théoriques construites sur des modèles nationaux uniformes et démodés. Les entreprises refermées sur elles-mêmes par crainte de contamination politique semblent mal prêtes à conclure avec l'Education un nouveau contrat de confiance. Il est pittoresque de noter que l'alternance instituée par la loi de juillet 1980 devait se développer en s'appuyant sur le Ministère de l'Industrie. Soixante ans après l'éviction du Ministère du Commerce par le Sous-Secrétariat d'Etat à l'Enseignement Technique, cette résurgence avait quelque chose d'émouvant, si proche dans le temps du rattachement à l'Education du Secrétariat d'Etat à la Formation Professionnelle le 22 mai 1981[5]. Au-delà de cette guerre de cent ans des institutions, force est de considérer qu'il serait vain et irrationnel de prétendre développer l'alternance sans impliquer l'Education. Il faut faire de nécessité vertu et tenter d'associer structures de production et d'éducation dans un projet commun. On peut discuter de l'emploi des moyens en personnel et en matériel que l'Education affecte à l'enseignement technique, mais l'importance de ces moyens lui confère sur le marché de la formation professionnelle une situation dominante. La mise en place des formations alternées pourrait être un des remèdes aux manques de l'enseignement technique.

Les rapprochements nécessaires résulteront de la prise en compte par des centres de l'Education de formations rattachées à des conventions cadres nationales où régionales conclues entre l'Etat et des organisations professionnelles. Par ces moyens contractuels, les responsables de la production pourront infléchir la rigidité des programmes de l'Education. Lorsque lesdits programmes paraîtront inadaptés, d'autres filières seront mises en place dans le cadre conventionnel, sous réserve de leur homologation ultérieure par la Commission nationale des Titres et Diplômes. Par ailleurs, les formations alternées ne seront efficaces que si les formateurs, dont l'Education, et les entreprises collaborent étroitement à la réalisation du projet commun d'alternance. Les modalités de la coopération seront, dans chaque établissement, débattues en relation avec les entreprises concernées, celles-ci souscrivant un cahier des charges. La définition du dossier individuel matérialisant la continuité de la démarche pédagogique, l'organisation de séquences transitoires préparant pour la valorisation de chaque phase, le passage du centre à l'entreprise et vice versa, la formation de formateurs proposée conjointement aux professeurs et aux tuteurs du stagiaire dans l'entreprise, le fait que centre et entreprise s'ouvrent réciproquement aux professeurs et aux tuteurs, seront autant de moyens par lesquels l'alternance pourra devenir efficace. On voit que si elle réussit, elle tissera du même coup, entre Education et entreprises, entre formation et production, des liens qui auront d'autres conséquences positives sur l'efficacité globale du système socio-économique. Mais les conditions sont-elles remplies qui permettent d'espérer un tel succès?

Certains responsables de l'Education admettent de plus en plus qu'une gestion centralisée de la formation professionnelle est impraticable. Ils seraient prêts à laisser leurs formateurs engager avec les entreprises le dialogue contractuel de l'alternance. Il faudra passer outre à bien des habitudes et des préventions d'enseignants, mais la majorité prend conscience qu'il faut sortir de la citadelle éducative pour ajouter à l'étude des programmes l'indispensable pratique des systèmes de travail.

Bien des employeurs sont intéressés par l'alternance.

Ils souhaiteraient souvent que les formations alternées soient dispensées par d'autres structures que l'Education, mais restent trop réalistes pour ne pas admettre qu'il faut lui faire place à proportion du large secteur qu'elle occupe sur le marché de la formation. Les problèmes techniques qu'ils devront résoudre pour jouer leur rôle pédagogique sont importants mais pas insolubles. Il paraîtra difficile à ceux qui n'ont pas de service formation pour gérer leur contribution obligatoire, c'est-à-dire à la presque totalité des P.M.E. de réintégrer la fonction formation dans leur organisation. Accueillir des stagiaires en formation alternée implique recherche des postes de travail à la fois productifs et formateurs, planification des périodes d'accueil et aménagement de certains travaux en fonction des rythmes pédagogiques choisis avec le centre de formation.

L'expérience prouve toutefois que ces obstacles sont surmontables pourvu que les chefs d'entreprise le veuillent. La difficulté majeure déjà signalée reste que la tendance générale des entreprises n'est pas de développer des fonctions nouvelles mais au contraire de les extérioriser. C'est sur ce mal — la propension des structures productives à récuser le facteur humain — racine de la crise actuelle, que l'alternance achoppe. Les entreprises, au moment de l'expansion qui a suivi la seconde guerre mondiale, ont abandonné à l'Education leurs responsabilités naturelles de formateurs professionnels. Paradoxalement, alors qu'instruits par l'expérience, ils sembleraient prêts à partager désormais ce rôle avec les enseignants, ils vont éprouver de grosses difficultés à redevenir formateurs parce que les systèmes qu'ils gèrent se referment sur des espaces fondants de travail qualifié très protégés, rejetant les tâches subalternes, irrégulières ou à faible plus-values vers une main-d'œuvre extérieure à l'entreprise, faite d'intérimaires, de travailleurs indépendants, de salariés de société de nettoyage ou de services divers constituant le marché secondaire de l'emploi.

D'après la plupart des analyses, le malthusianisme des entreprises est durable : il est fonctionnel si la seule logique est celle de la maximisation du profit.

Du 1er au 3 décembre 1980 se tinrent à l'E.N.A. de Paris les journées nationales d'études sur le thème « Systèmes de travail et évolution de l'emploi ». Elles réunissaient des chercheurs du Centre d'Etudes et de Recherches sur les Qualifications (C.E.R.E.Q.), puissance invitante, de la Direction Générale de la Recherche Scientifique et Technique et du Centre National de la Recherche Scientifique. Examinée sous divers angles, l'évolution prévisible des systèmes de travail ramenait les rapporteurs à des pronostics pessimistes.

Traitant « Economie et système de travail : le travail et les performances économiques des entreprises et des nations », Bernard Mérieux rappelait que la plupart des modèles économiques font du travail « une variable purement dépendante des conditions de production et de répartition ». Le modèle dominant en France, celui auquel renvoyait en particulier le VIIIe Plan, traite le travail comme résiduel. La réduction des effectifs de salariés contribuant à une production donnée est toujours considérée comme faste, alors que l'opération devrait être débitée du coût du travail gaspillé dans l'hypothèse où la main-d'œuvre libérée ne trouve pas de réemploi.

Dans « Technologie et système de travail, l'évolution du travail face au développement des technologies », Alain D'Iribarne observait dans une perspective proche l'antagonisme mécanique des micro-acteurs que sont les entreprises et des macro-acteurs que constituent l'Etat et les collectivités. La logique des premiers est « d'externaliser » le plus possible de coûts main-d'œuvre, alors que les seconds ont la charge d'aménager des transferts de ressources compensatoires. Par ailleurs, si les entreprises jouissent d'un large choix entre toutes les équations permettant une production donnée, elles auront de plus en plus tendance par l'usage de l'informatique, à devenir de vastes systèmes automatisés fondés sur la concentration économique et sociale, la parcellisation et la spécialisation du travail.

Le rapport de Jacques Freyssinet intitulé « Système de travail et localisation des emplois » montrait que les efforts entrepris pour « délocaliser » des emplois, c'est-à-dire les transférer de zones urbanisées industrielles vers des zones rurales aboutissait toujours à développer des systèmes de travail parcellaires et non qualifiés.

Enfin, dans « Population et systèmes de travail », Bernard Bruhnes notait que les excès de « l'extériorisation » de la force de travail si souvent évoquée mettaient en péril la culture technologique des entreprises, les privant de cette mémoire collective de la main-d'œuvre qualifiée qui conditionne à long terme productivité et innovation.

La dramatique évolution des systèmes de travail vers la spécialisation et surtout l'externalisation n'est pas propice à l'alternance. Celle-ci peut difficilement s'épanouir dans une culture du travail en régression. Il faut cependant essayer de faire en sorte que les formations professionnelles alternées puissent jouer leur rôle au moins dans les petites et moyennes entreprises où les systèmes de travail fondés sur la polyvalence se développeront. Rapprocher l'entreprise de l'école — l'école n'est-elle pas la plus ambitieuse, la plus utopique des entreprises humaines — atténuerait les conséquences fâcheuses de l'évolution générale des systèmes de travail vers la segmentation. A développer en elle-même la formation, les entreprises ne pourraient que devenir plus humaines et innovantes, redécouvrant que tout enseignement est recherche et toute recherche formatrice.

En inaugurant comme Directeur du C.E.R.E.Q. les journées d'études qui viennent d'être évoquées, Gabriel Ducray s'interrogeait sur les interventions possibles de la collectivité publique et privée dans la transformation des conditions générales de l'emploi à laquelle on assiste. Il souhaitait que le travail cesse d'être un élément du coût pour devenir un facteur dynamique du changement, toutes les compétences fournies par les systèmes modernes de formation étant utilisées. Symétriquement, c'était à la formation professionnelle qu'il assignait la mission de transformer les conditions d'évolution de l'emploi. Ce pari doit être risqué pour partie avec les formations alternées qui pourraient, en transformant Education et entreprises, aider à maintenir des systèmes de travail à dimensions humaines. Cela ne suffirait pas à endiguer la tendance à l'éclatement des collectivités de travail partout observé et ce ne sont pas les formations professionnelles ou générales dispensées dans les écoles ne bénéficiant pas de l'ouverture de l'alternance qui pourront proposer des systèmes de travail plus efficaces parce que plus humains.

Déjà citées dans l'introduction et le début de ce chapitre, des expériences récentes[6] permettent de définir une autre démarche par laquelle la formation se confondant avec un processus productif, affecte la forme des systèmes de travail quand elle ne les crée pas de toutes pièces. Ces formations extérieures aux entreprises et qui concernent jeunes et adultes seront appelées désormais «formations-production». En ajoutant à celles de l'alternance les ressources de la formation-production, la collectivité publique et privée peut refaire du travail une aventure créatrice et répondant au vœu de Gabriel Ducray, transformer les conditions d'évolution de l'emploi. Toutefois, cette modification progressive ne résultera pas des seules formations professionnelles comme il l'envisageait. S'ils comprennent parfois une partie technologique, les stages de formation-production diffèrent des enseignements professionnels. Ils ne préparent pas à un diplôme et ne répondent pas à une commande de qualifications exprimée par les entreprises existantes. Animateurs et stagiaires déterminent des chantiers non rentables, des enquêtes ou études irréalisables sans le concours des stagiaires, des fonctions sociales ou économiques délaissées.

Premier apprentissage, l'interprétation du milieu fournit les objectifs. D'autres recherches fixent quelles informations traiter pour atteindre ces objectifs et comment le faire. Dans un stage de formation-production, la formation va construire le système de travail et exploiter celui-ci à des fins pédagogiques. Chronologiquement, la situation est inversée par rapport aux formations professionnelles classiques. Le programme d'un diplôme technique se déduit de l'analyse des situations de travail auquel il doit, en principe, conduire. Si le même diplôme est préparé en alternance, les stagiaires participent en outre à un véritable système de travail. Toutefois, celui-ci contraint le projet d'apprentissage. Préexistant, ce système de travail n'est qu'accessoirement formateur et la qualité des enseignements pratiques qu'il comporte pâtit éventuellement des conditions créées par une politique de réduction des effectifs.

Dans un stage de formation-production, la formation modèle un système de travail en vue du placement des stagiaires. Les objectifs de formation et d'emploi convergent et se renforcent. La gamme des formations-productions va du simple au complexe. En deçà des plus élémentaires, les actions appelées « techniques de recherche d'emploi » développent des comportements proches de nos préoccupations. Dans ces stages, les demandeurs d'emploi apprennent mieux à s'informer sur les ressources de l'environnement et leurs propres capacités. Daniel Porot, promoteur à Lyon et Genève des opérations de ce type, suggère à ses élèves dès leur première rencontre de changer complètement d'attitude : « Pour quelques-uns d'entre vous, cette perte d'emploi aura été la chance de leur vie. Réfléchissez. Vous n'êtes pas obligés de poursuivre vos recherches dans les secteurs où vous avez déjà travaillé, comme j'en suis sûr, vous le faites à l'heure actuelle. Ne pouvez-vous pas devenir ce que vous souhaitiez être à vingt ans ? ». Langage provocateur que certains auditoires reçoivent mal mais, assez souvent, sur une vingtaine de personnes, trois ou quatre trouvent leur voie en changeant complètement d'orientation. L'art de se présenter à un employeur fait, bien sûr, partie du programme qui frôle ici encore la formation-production. Le stagiaire ne doit plus être un solliciteur offrant ses services. S'appuyant sur ses capacités qu'il connaît mieux après les avoir analysées en groupe, il indique comment il peut exercer diverses fonctions et va même, si l'occasion s'en présente, jusqu'à suggérer des améliorations.

Les stages de formation-production, programmés comme tels, sont caractérisés par leur montage pédagogique : les promoteurs déterminent, en fonction du public choisi, des prestations à fournir. Ils ébauchent un projet précisant les compétences et aptitudes nécessaires à la réalisation de ces prestations, y compris en matière d'organisation. Les stagiaires sont recrutés si leurs motivations garantissent qu'ils seront productifs dans les délais retenus.

Ils participent à l'élaboration du programme de formation qui comporte acquisition des connaissances et aptitudes exigées par la ou les productions projetées. Le plus vite possible, le processus productif est amorcé, la formation des stagiaires étant aménagée en tenant compte des difficultés rencontrées à ce stade. Il peut y avoir personnalisation des itinéraires de formation, mais aussi constat d'une erreur d'orientation. Le ou les stagiaires fourvoyés sont alors réorientés vers l'emploi ou une autre formation, déterminés à meilleur escient depuis l'expérience ébauchée. Les stagiaires restants réalisent parallèlement leur formation, la production et, si possible, l'organisation de celle-ci. Ils circulent entre les différents postes de travail, participent à l'évaluation continue du projet et, éventuellement, concourent à sa modification.

La formation-production se distingue sur trois points au moins de l'alternance classique : elle est extérieure aux entreprises, du moins aussi longtemps qu'elle n'en crée pas une ce qui arrive parfois; la succession des phases de formation et de production n'est pas fixée de façon rigide. La formation, dominante au début, est de plus en plus dictée par les exigences de la production. Surtout, le stage de formation-production accorde aux stagiaires des responsabilités individuelles et collectives absentes des systèmes fondés sur l'alternance. Il ne débouche pas, en principe, sur un diplôme de l'enseignement technologique.

Des expériences de formation-production de nationalités diverses sont décrites dans l'annexe I. Il ne s'agit que d'un échantillonnage, la réalité étant foisonnante[7]. Les exemples choisis qui diffèrent toujours du schéma général par quelques aspects, sont présentés par ordre de complexité croissante selon qu'il s'agit de formations appuyées en tout ou partie sur des travaux temporaires en grandeur réelle, la réalisation d'études ou de missions complexes ou la fourniture de prestations permanentes.

Dans les formations-productions liées à des travaux temporaires, les stagiaires participent à un système de travail dont les produits peuvent être vendus pour contribuer aux frais de fonctionnement de l'opération. Ainsi motivés, 70 % des stagiaires des ateliers de formation (training workshops) de Grande-Bretagne trouvent un emploi après quelques mois de formation-production. Dans les formations-productions simples, les stagiaires apprennent les responsabilités qui fondent tout système de travail. Les produits quels qu'ils soient — petit mobilier, animaux d'élevage, immeuble en construction — sont utiles et doivent être respectés ainsi que les efforts des autres stagiaires et moniteurs qui concourent à la fabrication. En outre, il est généralement possible d'expérimenter dans chaque stage plusieurs situations de travail.

Si le produit est une étude ou une mission complexe, les stagiaires doivent évaluer d'abord les connaissances et aptitudes à acquérir rapidement pour réaliser le projet. Apprendre pour agir est différent de l'étude d'un programme, et la sanction sera tout autre. Quand ils passent à la réalisation, les stagiaires nouent de multiples contacts pour recueillir les informations dont ils ont besoin. La livraison de leur étude à son destinataire, souvent une collectivité, est une autre occasion de se faire connaître. En construisant un système de travail productif, le stagiaire constitue un réseau de relations qui survivra à l'enquête et lui permettra de trouver un emploi. Moins fréquemment, la qualité de l'étude faite amène le commanditaire à embaucher les réalisateurs.

Qu'ils soient fondés sur la réalisation de tâches simples ou complexes, les stages de formation-production initient aux relations de travail. Substituts d'expérience professionnelle, ils remplissent bien leur objectif principal de placement des stagiaires. Les formations-productions complexes expérimentent souvent une fonction. Si celle-ci s'avère solvable, tout ou partie des stagiaires peut trouver un emploi en créant un organisme offrant les prestations correspondantes. Pour en citer quelques exemples, c'est ainsi qu'ont été lancés le Solan de la Z.U.P. de Chambéry et Anim'Ouest dans la banlieue lyonnaise[8]. Dans les deux cas, il y a création d'emplois.

Le champ d'application de la formation-production va au-delà. Illustrés dans les annexes II et III, et commentés ci-après, les stages liés à la création d'entreprises ainsi que ceux ayant pour but l'essor économique et social de certaines zones géographiques, sont des opérations de formation-production. Avec elles, la formation continuée ne se borne plus à initier aux systèmes de travail existants, mais elle en crée. De par leur origine, ces systèmes de travail sont fondés sur la « formation » de capital humain plus que sur celle de capital monétaire. Ils recherchent leur efficacité dans la mise en œuvre intelligente du travail humain, pas dans l'élimination de celui-ci.

En cela, ils diffèrent des systèmes de travail nés spontanément de la logique de maximisation du profit qui, pour privilégier toujours la rémunération des capitaux investis en immeubles ou en matériels, déséquilibrent les équations productives en faveur des facteurs non humains. Les préjudices qui résultent de cette application prétendue du libéralisme, n'ont pas l'excuse de l'efficacité économique puisqu'en dernière analyse, c'est la collectivité qui supporte en coûts de transfert et dépenses sociales le prix du chômage de restructuration et des autres dommages qu'il induit. En bonne logique, la même collectivité devrait donc investir davantage dans les formations qui «produisent» des systèmes de développement du travail opposables aux systèmes de valorisation du capital par réduction de la main-d'œuvre.

Cette option politique a pour corollaire que l'investissement formation ne doit pas être réservé en priorité aux publics les plus socialement démunis et aux jeunes. C'est en faveur des ressources humaines les plus aptes à créer l'activité qu'il faut prendre des initiatives de formation-production. Désormais, celles-ci ne relèvent plus du social mais de l'économique. Au second degré, l'efficacité de ces choix élargira la gamme des emplois offerts aux publics défavorisés.

NOTES

[1] Quelques-unes d'entre elles sont décrites en annexe.
[2] Ensemble des mesures prises par le Ministère de l'Education pour aménager au bénéfice des élèves de l'enseignement technique des séjours en entreprises et une durée de plusieurs semaines.
[3] Malgré de gros progrès, l'apprentissage n'est pas toujours, en 1982, exempt de ces défauts.
[4] Centre d'Etudes et de Recherches sur l'Emploi et les Qualifications.
[5] Suivi un mois après par la création du Ministère de la Formation Professionnelle.
[6] Cf. annexes I, II et III.

[7] Dans sa communication à un séminaire consacré aux formations-productions, Roger Faist, Directeur du Centre Européen pour le Développement de la Formation Professionnelle (CEDEFOP) évoquait une quinzaine de situations européennes de formation-production. Au cours du séminaire, une dizaine de cas français furent examinés (Toulon, 2 et 3 juin 1980).

[8] Z.U.P.: Zone d'Urbanisation Prioritaire. La Z.U.P. de Chambery bénéficie depuis plusieurs années à titre expérimental d'une mission d'éducation permanente dont les animateurs ont entre autres choses réalisé le projet Solan (grenier en patois), stage ayant débouché sur une coopérative de troc. L'expérience Anim'Ouest est évoquée de façon plus détaillée dans le chapitre III.

Chapitre II
Les stages liés à la création d'entreprises

La propension des entreprises à réduire l'emploi est une tendance majeure de l'économie. Les formations-productions simples modèrent cette tendance sans pouvoir rééquilibrer le marché du travail. Elles améliorent les aptitudes des stagiaires à obtenir des emplois stables mais leur intérêt principal réside dans la méthode qui les sous-tend. Bien qu'ils soient expérimentés à contre-courant, les principes de ces apprentissages de responsabilités organisatrices sont utilisables pour faire évoluer à la marge les systèmes de travail qu'ils ne peuvent modifier fondamentalement de l'intérieur.

Les stages liés à la création d'entreprises appliquent les règles de la formation-production au renouvellement du tissu économique. Ils remettent en cause les idées reçues, touchant le caractère exceptionnel de l'acte d'entreprendre, la légitimité des spécialisations locales ou régionales et la longévité optimum des unités économiques.

Le concept d'entreprise tel qu'il est défini dans notre droit libéral crée une catégorie de citoyens d'exception :

les chefs d'entreprises. D'après le dictionnaire[1], «lorsqu'un individu exécute une série d'opérations semblables destinées à satisfaire non plus seulement ses besoins et ceux de sa famille mais les besoins d'autres individus ou familles avec lesquels il n'est uni par aucun lien d'association volontaire, il y a exploitation économique... Il est raisonnable de considérer qu'il y a entreprise dès lors que l'exploitation économique possède l'autonomie de sa gestion financière, dès lors qu'elle fonctionne dans un système économique fondé sur les échanges monétaires».

Par conséquent, ce qui différencie l'entreprise du ménage, autre acteur de la vie économique[2], c'est d'assumer les résultats financiers d'opérations semblables destinées à satisfaire d'autres besoins que les siens propres. Un salarié exécute de telles opérations, mais la manière dont il négocie sa force de travail ne lui confère pas l'autonomie financière qui le transfigurerait en entreprise.

Il reste donc un «ménage». Par contre, un travailleur indépendant, professeur de piano, orthophoniste, moniteur de ski, laveur de vitres, etc. peut être, à lui seul, une entreprise. Il y a disproportion entre la subtilité du distinguo et l'énormité des conséquences qui lui sont attachées.

La division de la société entre ses deux principales classes procède des structurations développées à partir du concept d'entreprise.

Les plus éclatantes résultent de l'aptitude au développement indéfini de ces êtres abstraits. Norman Mailer écrivait récemment des formes qui transcendent les Etats[3]: «je pense par contre que les sociétés multinationales ne sont que des vaisseaux de guerre, versions miniaturisées du communisme. Ce sont des Etats collectivités, des enclaves dans la nation... De même que le communisme crée les principales difficultés en Union Soviétique, de même le capitalisme multinational est à l'origine des principaux problèmes de l'Amérique. Il ne cesse de nous gaver de produits que nous n'aimons pas».

Il faut compter aussi avec les organisations corporatives — en France, toute entreprise est rattachée à une Chambre de Commerce et d'Industrie, d'Agriculture ou de Métiers — et les syndicats professionnels de compétence géographique ou sectorielle. Certaines réagissent comme si elles étaient implicitement investies par leurs mandants d'un rôle sélectif. Tout nouvel entrepreneur est le concurrent direct de quelques autres qui, déjà installés, jouissent d'une influence certaine. Il va peu ou prou troubler les marchés financiers et de l'emploi, ce qui risque d'être perçu comme une gêne par l'ensemble des employeurs opérant sur les mêmes marchés. Par osmose, l'hostilité des entreprises installées à l'encontre des nouveaux arrivants peut contaminer les banques et les administrations qui gèrent les primes d'installation. Les qualités techniques et humaines du promoteur ne remplaceront pas des garanties hypothécaires et les meilleurs arguments s'écrouleront au pied de murailles de scepticisme. Si, en dépit de ces obstacles, le succès arrive il se trouvera vraisemblablement un consortium industriel et financier pour phagocyter dans les deux ans la nouvelle entreprise, surtout si celle-ci contestait par ses produits nouveaux les fabrications anciennes du groupe acheteur.

La complexité des réglementations sociales et fiscales renforce cet ensemble dissuasif qu'un responsable de Chambre de Commerce[4] résumait en proclamant: «aujourd'hui, il faut être fou pour créer une entreprise». Ce représentant qualifié d'une structure qui a, en principe, la charge d'une partie de notre développement exprimait devantage des préoccupations élitistes inavouées qu'un jugement objectif sur nos jungles réglementaires maîtrisées en fait par beaucoup d'établissements.

Les entreprises nouvelles qui veulent innover vont à l'encontre d'un autre dogme qui commande l'évolution des firmes existantes: il faut se spécialiser dans les domaines de plus grande performance». Les diversifications internes quand il y en a se font verticalement — par exemple, tous les produits dont la définition peut se déduire des qualités d'un matériau donné — mais le risque de lancer des fabrications nouvelles ne sera pris qu'exceptionnellement pour tenter de surmonter des revers commerciaux subis sur les ventes habituelles. Cette problématique qui rappelle la fièvre des monocultures dans les années précédant 1929, s'étend aux régions dont l'économie est dominée par certaines grandes entreprises. La spécialisation du groupe donneur d'ordres fait l'hyperspécialisation des sous-traitants et leur fragilité. Au plan général, cette spécialisation réduit les secteurs du marché intérieur couverts par les productions nationales.

De manière intuitive, nous sommes tous convaincus qu'une entreprise, si elle est saine, doit vivre longtemps, vingt ans, trente ans, une vie d'homme peut-être plusieurs générations. Les plus vieilles d'entre elles ne se font pas faute d'utiliser leur âge comme argument publicitaire. Cette conviction si largement répandue a quelques fondements: pour être efficace, toute action a besoin d'un minimum de durée et dans le cas d'une entreprise, le critère de l'efficacité sera de créer des plus-values au-delà de l'amortissement des capitaux investis. Cependant, dans un monde voué aux évolutions rapides par son information accélérée, la réduction de la durée moyenne de vie des entreprises devient pertinente. Dans l'absolu, il est souhaitable qu'une firme cède la place à d'autres dès lors qu'elle se consacre davantage à susciter des commandes artificielles qu'à satisfaire des besoins incontestables. C'est d'ailleurs lorsqu'elle est dans sa phase impérialiste qu'elle s'oppose le plus aux entreprises innovant dans ses spécialités. Mais le monde du changement est également celui où la justification sociale des entreprises réside autant dans les emplois qu'elles offrent que dans les produits qu'elles vendent. Un tissu économique fait de cellules se renouvelant plus vite pourrait offrir aux plans quantitatif et qualitatif de meilleures perspectives d'emploi.

Les confédérations implicites ou explicites des entreprises installées rejettent les entreprises nouvelles comme les systèmes de travail repoussent les demandeurs d'emploi. Le mécanisme est semblable. De même que considérées individuellement, les entreprises répugent à affecter leurs gains de productivité à des innovations permettant le réemploi de la main-d'œuvre dégagée par ces gains, les entreprises considérées en corps limitent autant qu'elles le peuvent la création d'entreprises nouvelles pouvant remettre en cause les situations de rente des firmes installées antérieurement. La recherche du profit maximum réduit les possibilités de créations d'emploi à l'intérieur comme à l'extérieur des structures productives existantes.

Ces mécanismes ne sont pas inéluctables. A d'autres époques, lorsque l'organisation collective dégageait des ressources humaines, celles-ci étaient employées à des fins socialement utiles. « La grande poussée de la création architecturale du onzième siècle par exemple, nous serait incompréhensible si l'on ne savait pas qu'il y avait un flux considérable de productivité matérielle, donc de création de richesse qui par le canal de l'organisation seigneuriale a été disponible pour être investie dans des ouvrages de création artistique »[5]. Entreprendre est banal. D'un « ménage » à une « entreprise » l'un et l'autre pris dans leur sens économique, il y a une différence de degré, pas de nature. On peut passer insensiblement du salariat au travail noir, de celui-ci à l'artisanat puis au statut de petit patron. Le personnage de chef d'entreprise doit être démythifié, n'étant pas le combattant d'élite de l'économie, réactionnaire de surcroît, que suggère le portrait robot né des fantasmes conjugués des organisations professionnelles d'employeurs et de salariés.

L'inscription dans les représentations collectives de cet archétype dissuasif réduit considérablement le nombre des créateurs. Les jeunes sont presque éliminés du concours, convaincus qu'il leur est inaccessible. Les spécialistes le confirment, la réussite d'un créateur de moins de trente ans reste un fait rare. Ce résultat est contre nature : de tout temps, entreprendre fut le fait de la jeunesse, il n'est que de songer aux généraux de la Révolution et de l'Empire ou à certains rois.

Pour lutter contre le malthusianisme actuel, il faut vulgariser l'art d'entreprendre, monter que se marier, élever des enfants, occuper un emploi, c'est déjà entreprendre et que créer, par son travail, de l'activité pour d'autres est chose possible et bénéfique. Cela ne veut pas dire que créer une entreprise considéré jusqu'ici comme une œuvre herculéenne, doit passer désormais pour un divertissement. Le parcours restera difficile, mais que les candidats à l'aventure soient plus nombreux et divers et l'environnement moins hostile changerait le cours des choses. En même temps qu'évoluera la perception du rôle social du créateur d'entreprise, les contraintes institutionnelles, attitude des organisations professionnelles, des banques et des administrations qui sont pour beaucoup dans le dessin de la caricature actuelle, devraient elles aussi se modifier.

Les formations liées à la création d'entreprises joueraient dans un tel projet un rôle beaucoup plus important que celui dévolu aux expériences actuelles encore tâtonnantes.

Avant la crise de 1974, on aurait vainement cherché des formations ayant pour but de multiplier les créations d'entreprises et d'améliorer leurs chances de réussite; le besoin n'existait pas, l'évolution spontanée du tissu industriel offrant presque le plein emploi. Certains enseignements semblent toutefois avoir développé beaucoup plus que d'autres les vocations créatrices.

Une étude réalisée en 1979 par l'Association Lyonnaise d'Ingénieurs Conseils (A.L.G.O.E.)[6] sur le devenir des élèves diplômés de l'Ecole Supérieure d'Apprentissage de Lyon sortis de 1946 à 1968, souligne le rôle créatif des gens de métiers : sur six cent quarante personnes interrogées, cent soixante trois avaient créé ou développé leur entreprise et cent quatre-vingt-un avaient réalisé une invention technologique. Cette créativité n'avait fléchi que dans les secteurs à problèmes. Dans la région Rhône-Alpes, les anciens élèves de l'Ecole Supérieure d'Apprentissage de la branche mécanique ont pris leurs distances vis-à-vis de ce secteur avant que la crise y soit patente. L'étude réalisée par A.L.G.O.E. souligne les relations entre la santé de diverses branches professionnelles et la disponibilité de qualifications pratiques très approfondies.

La rapidité des évolutions technologiques exige que les systèmes de formation s'adaptent pour maintenir sinon développer l'effectif des gens de métiers[7]. Par rapport aux développements, il faut marquer le rôle des hautes qualifications technologiques, goût d'entreprendre et des formations correspondantes pour mesurer ce qu'a d'excessif et de destructeur la vision macro-économique qui assujettit exclusivement nos destinées aux facteurs extra-humains, coûts de l'énergie, des matières premières et du capital notamment. Toute politique volontaire suppose aussi la capacité d'un certain nombre à mieux combiner ces facteurs avec les ressources humaines des régions où ils agissent, voire à inventer de nouvelles activités. Ainsi considérés, les résultats dépendront de l'efficacité des formations.

La crise joue, ici encore, rôle de révélateur. Les formations de « gens de métiers » apparaissant insuffisantes pour multiplier les vocations et améliorer les chances des créateurs. Les stages liés à la création d'entreprises [8] se multiplient. La plupart d'entre eux procèdent du principe de formation-production en ce que leurs « produits » sont des entreprises classiques ou coopératives. D'ailleurs, tout stage de formation-production suscite déjà une entreprise au moins temporaire — réalisation d'un chantier, d'une exposition, d'une enquête, d'une mission — dont la plus ou moins grande réussite sanctionnera les apprentissages qu'elle exige.

Dans les formations liées à la création d'entreprise, il faut non pas réaliser une entreprise temporaire pour structurer des apprentissages généraux et technologiques synthétisés par l'action responsable, mais créer à l'issue du stage plusieurs entreprises définitives. Les programmes combinent des matières communes — beaucoup de créateurs achoppent sur la gestion — et des recherches personnelles qui sont déjà mises au point des projets de création avec l'aide des formateurs.

La discussion collective de chaque projet enrichit les travaux de groupe, conjuguant prise de responsabilité et réflexion désintéressée. Et toujours, la formation-production s'affirme comme un exercice de synthèse. L'excellente technicité ne peut compenser les lacunes en gestion ou l'insuffisance relationnelle. Ce ne sont pas des notes obtenues dans des matières cloisonnées qui sanctionneront la fin du stage, mais la réussite ou l'échec des projets.

Les stages liés à la création d'entreprise donnent à la formation-production une dimensions en rapport avec la complexité des problèmes qu'ils doivent résoudre. La faveur qu'ils connaissent depuis quelques années suscite des interrogations telles qu'une enquête nationale sur les conditions sociologiques de la création d'entreprises a été lancée au printemps 1981[9]. Les premiers résultats connus pour la région Rhône-Alpes complètent les observations de l'enquête d'A.L.G.O.E. sur le rôle des gens de métier. Le champ de l'étude n'est plus la population des anciens élèves d'une école technique privée réputée, mais des créateurs de petites entreprises industrielles ayant réalisé leurs projets avec ou sans formation préalable dans la zone urbaine de Lyon ou le canton de La Mure (Isère). Or, si les gens de métiers constituent le groupe le plus important des créateurs (37 %), 33 % de ceux-ci n'ont qu'une formation primaire ou un C.A.P., 7,5 % une formation secondaire, 7,5 % une formation universitaire et 15,5 % sont des ingénieurs. Les typologies proposées pour décrire les créateurs dont beaucoup ont réalisé leurs projets sans l'aide de stage, font mieux comprendre les rôle que ces stages peuvent jouer. Les projets sont hétérogènes. Philippe Bernoux et ses co-auteurs les regroupent par référence à la relation du créateur avec produit et clientèle. S'il vend à sa clientèle habituelle un produit qu'il fabriquait antérieurement, il y a « reproduction ».

S'il livre le même produit à une clientèle nouvelle, il y a adaptation, mais c'est de mutation qu'il s'agit si produit et clientèle sont nouveaux.

Tous ces créateurs s'appuient sur un réseau de relations et la plus ou moins grande efficience de ce réseau fait leur perte ou leur réussite. La structure du réseau matérialisé par cinq à six correspondants est différente selon le type de créateur. Les relations personnelles sont plus importantes chez les reproducteurs que chez les autres. Les relations professionnelles anciennes très développées dans le cas du reproducteur ont un poids moyen chez l'adaptateur. Il est minime chez le mutant. Ces rapports sont presque inversés pour les relations professionnelles nouvelles. Quant aux relations institutionnelles avec les banques et organismes d'aide, elles sont sensiblement plus marquées pour les mutants que pour les autres catégories. Les relations données représentent 62 % des réseaux des reproductions, 42 % seulement de ceux des mutations. Dans les deux cas, la création équivaut à une diversification considérable du réseau, mais l'effort est bien plus grand pour le mutant.

Le réseau donne d'abord au projet son assise financière. Le reproducteur, fort de ses fonds personnels et de ceux de ses proches, mobilise facilement des concours bancaires et sollicite peu les aides publiques. Celui qui tente une adaptation est le plus mal loti. Façonnier ou sous-traitant, il a peu de fonds personnels, ne trouve guère de soutien bancaire et n'a que rarement droit aux *primes*. Celles-ci vont de préférence aux mutants qui tout en critiquant les aides publiques témoignent d'une aptitudes certaine à les mobiliser. Ils compensent ainsi la faiblesse de leurs apports et des concours bancaires qui leur sont apportés.

Les créateurs doivent aussi être distingués d'après l'origine de leur projet. Il y a ceux qui créent parce qu'ils ont mûri la conviction qu'ils avaient les atouts pour réussir ou pouvaient les rassembler et la volonté d'être leur seul maître. Ce sont les créateurs par décision, ils sont le plus souvent reproducteurs ou mutants. D'autres deviennent créateurs par influence, ils sont motivés par une ou plusieurs rencontres — la conviction d'un associé possible par exemple — ou bien ils entreprennent par réaction contre les pratiques qu'ils observent, par exemple dans l'entreprise où ils travaillent. Des lacunes constatées les confortent dans l'idée qu'ils pourront mieux faire. Ils choisissent l'adaptation. D'autres, enfin, créent par traumatisme. Il peut s'agir d'un accident, d'un divorce, mais à l'heure actuelle, c'est beaucoup plus fréquemment un licenciement. Les intéressés s'orientent alors à peu près également vers la reproduction et l'adaptation, un peu moins vers la mutation. Mais l'origine des créations, les conséquences qu'elles ont sur le type d'entreprise créée, ont des conséquences pour l'emploi. Il semble, en effet, que seules les entreprises de type reproduction et adaptation étaient appelées à se développer dans le contexte de l'année 1980.

L'étude des formations liées à la création d'entreprise confirme beaucoup des constats faits en examinant les conditions sociologiques de créations intervenant dans le secteur industriel. Sans avoir bénéficié de ces considérations théoriques préalables, les responsables des formations acquièrent vite une connaissance pratique des contraintes liées à ces considérations. Ils complètent les enseignements à la gestion qui forment la trame de toutes ces formations par des démarches qui confortent le réseau de chaque stagiaire. Ainsi, les travaux pratiques comportent couramment constitution des dossiers des demandes de prêts bancaires et de primes d'installation ou de création d'emploi.

En liaison avec ces démarches, la recherche des débouchés est approfondie, le stage « produisant » également des dossiers « clients » et fournisseurs. Le groupe des stagiaires devient lui-même réseau le temps de la formation. Il offre la possibilité d'une remise en cause de tous les projets, chacun s'intéressant beaucoup aux difficultés de ses camarades. Dans cette mise en commun, des solutions, mais aussi des obstacles imprévus sont découverts. En fin de formation, peu de projets sont maintenus sans modification. Quelques stagiaires renoncent à leur idée pour un temps ou pour toujours. Eliminer les fausses vocations est d'ailleurs un bienfait des stages.

Le réseau des élèves survit parfois au stage. Il est courant que des amitiés nouées en ces occasions s'accompagnent de relations d'entraide pour peu que les entreprises créées soient relativement proches ou appartiennent à des secteurs complémentaires. L'Association de Formation, d'Enseignement et de Conseils (A.F.E.C.) qui forme des repreneurs de petits hôtels-restaurants — c'est une des rares opérations dont le « public » est homogène — encourage la création d'un « groupement d'intérêt économique » (G.I.E.) rassemblant tous les élèves d'une même promotion. Dans cette hypothèse, le stage devient réseau définitif.

Notant que les entreprises créés par suite d'un traumatisme — le plus souvent perte d'emploi — sont les plus fragiles, les auteurs de l'étude précitée de la M.A.C.I. s'interrogent sur l'utilité de stages de formation à la création d'entreprises faits d'une majorité de demandeurs d'emploi. En hésitant, ils acceptent de parier sur ces stages expression d'une politique volontariste qui recherche des effets à la marge. Cependant, comme les petites entreprises industrielles récemment créées qui se développent le mieux, procèdent de la «reproduction» et de l'«adaptation», beaucoup plus rarement de la «mutation», MM. Bernoux, Boutin et Exiga recommandent d'orienter l'investissement «formation» vers ces catégories. Une telle orientation est discutable. Elle généralise à toutes les créations d'entreprises s'appuyant sur des formations, le résultat d'observations propres à des entreprises industrielles dont beaucoup se sont installées sans formation préalable du «patron».

Les résultats observés à l'issue des nombreux stages liés à la création d'entreprises montrent que ceux-ci peuvent compenser le traumatisme lié à la perte d'emploi. En particulier, les suites de l'opération Loire (Annexe III) révèlent comment la formation peut enrichir et multiplier les vocations, notamment celles des mutants qui sont les plus innovantes. De tels résultats suffiraient pour préconiser le recours plus systématique aux stages liés à la création d'entreprises, mais ceux-ci apparaissent encore plus nécessaires si l'on veut bien considérer que ces résultats ont été obtenus en tâtonnant.

Nous faisons nos premiers pas en formation-production dont les stages liés à la création d'entreprises sont une application. Appuyées sur des travaux tels que ceux de MM. Bernoux, Boutin et Exiga qui font partie d'une étude nationale, de nouvelles générations de ces stages pourraient être proposées, systématisant de façon consciente la formation-production des réseaux. Ces formations encourageraient comme le recommandent les auteurs précités la multiplication des entreprises à directoires et la mise en place de réseaux de soutien des entreprises créées, ces réseaux de soutien relayant les réseaux de création qui s'amenuisent avec le temps.

Devenant un outil de l'animation économique, les programmes de formation liés à la création d'entreprises devraient aussi compenser l'hostilité naturelle du milieu à l'innovation. S'il est exact que les entreprises du type « reproduction » et « adaptation » grandissent plus vite, il est probable qu'elles le font souvent au détriment d'autres entreprises et que l'effet global de leur croissance sur l'emploi est peu imporant. Par contre, l'apport des entreprises mutantes est net et la diversification qu'elles permettent induit d'autres emplois.

Les initiatives de reproduction ou d'adaptation ne réussissent mieux que parce qu'elles sont tolérées voire encouragées par les structures qui encadrent l'économie en la sectorisant. Les profils de leurs créateurs sont vite normalisés, ainsi que leurs méthodes et leurs produits. Il n'en vas pas de même des mutants qui, s'ils réussissaient, lanceraient des produits concurrençant d'autres biens avant que soient amortis les équipements servant à fabriquer les seconds. Les offres d'emplois qu'ils susciteraient déséquilibreraient un tant soit peu le marché du travail discipliné par le chômage. Ils remettraient en cause le principe non écrit et sans doute instinctif qui semble guider la restructuration d'une grande partie de notre appareil économique: amélioration de la compétitivité de la famille des produits dans lesquelles les firmes sont spécialisées par réduction des charges de main-d'œuvre.

Sans cesse menacées de concurrence par des innovations dans leur propre gamme, les grandes et moyennes entreprises seraient amenées à jouer la diversification. Elles découvriraient du même coup certaines possibilités de réemploi pour la main-d'œuvre rendue disponible par les gains de productivité. En bref, elles seraient moins qu'à l'heure actuelle tentées de transformer une partie de leurs coûts de production en coûts sociaux à la charge de la collectivité.

L'observation des conditions sociologiques actuelles de création des petites entreprises industrielles, l'étude des résultats des premières expériences de formations liées à la création d'entreprises fait apercevoir à la fois les rigidités de notre système et les moyens de l'atténuer.

Toute structure importante s'organise pour pérenniser les pratiques de sa maturité et ne change que sous la contrainte d'agressions extérieures. Cela est vrai des administrations comme des entreprises et un bon gouvernement est celui qui extrait une résultante orientée de l'énergie dégagée par cette infinité de heurts structurels. La crise actuelle est caractérisée par la fragilité accrue des entreprises. Celles-ci bénéficient par ordre d'Etat de tous les ménagements. Elles n'en acquièrent pas moins une mentalité d'assiégé et réagissent comme les garnisons d'autrefois en éliminant les bouches inutiles vers les entreprises de service et la sous-traitance, le travail indépendant, l'intérim et le chômage.

Encourager les formations liées à la création d'entreprises faciliterait l'invention de nouveaux produits et prestations, donc le développement d'autres marchés intérieurs et extérieurs. Certes, dans les conditions présentes, ces mutations ne réussissent que lentement et difficilement. Il faut donc rompre avec les protectionnismes actuels, créer des conditions rendant le réinvestissement des gains de productivité en diversification des marchés et produits plus rémunérateur que le repli autarcique sur le donjon des spécialisations. Il est anormal que les mutants qui innovent ne reçoivent pas l'appui de tout le corps économique. L'accès aux aides publiques qu'ils savent déjà obtenir au prix de gros efforts doit leur devenir plus facile, ainsi que le recours aux crédits bancaires. N'accepter de prêter que contre des garanties couvrant largement la dette dispense de juger de la qualité des hommes et des projets, et permet à certaines banques de se rémunérer pour un risque qu'en fait elles n'assument pas. Les critères d'appréciation bancaire ne doivent pas être en contradiction avec les options générales : je tiens du directeur d'une banque privée qu'une affaire était jugée d'autant plus saine qu'elle était prévue pour fonctionner avec un capital investi important et un personnel aussi réduit que possible. La tendance de certains décideurs à exclure l'emploi va au-devant de l'ostracisme qu'on oppose à l'innovation en faisant le sort le plus difficile aux créateurs d'entreprises qui la proposent.

Les organisations professionnelles, les entreprises grandes ou moyennes devraient accorder aux mutants la considération que méritent ces chevaliers des changements nécessaires. Assistance technique, mise à disposition de services, de recherches, de relations, fournisseurs et clientèles, sont autant de moyens pour renforcer les réseaux des créateurs. Il en va de même de l'entente par laquelle une grosse firme traite en filiale une petite entreprise pendant toute la période critique de l'installation. Ce sont les opérations « kangourous » fameuses dans les pays anglo-saxons.

Pour rompre avec tant d'habitudes protectionnistes, il ne suffit pas de former de petits groupes de demandeurs d'emploi envisageant de créer leurs entreprises. Bien des choses pourraient changer par contre, si décideurs publics et privés acceptaient d'être les mailles du réseau d'entraide dont tous les créateurs ont besoin pour réussir et pour durer.

L'ensemble des difficultés rencontrées par les créateurs lorsqu'ils veulent nouer des contacts avec leurs partenaires institutionnels et privés est un des freins majeurs du développement et de l'innovation.

Les formations liées à la création d'entreprises amorcent une stratégie de rupture avec les pratiques de cloisonnement conservateur de la société économique. Poursuivre dans cette voie conduit à privilégier les réseaux créatifs par rapport aux structures affrontées, la formation jouant une fois encore un rôle de mise en relation intersectorielle. Cette vocation d'intermédiaire, d'entremetteur utile, la formation continuée l'assume en estompant, contrairement à la pratique de la formation initiale, les différences qui opposent formateurs et formés. Souvent, les deux protagonistes étudient ensemble le milieu dans lequel ils ont à intervenir et le « professeur » se distingue seulement par une méthodologie plus affirmée. Dans le cas présent, le développement des expériences de formation liées à la création d'entreprises exigerait de repérer systématiquement les réseaux de relations à constituer — ce sont aussi des réseaux d'information — et de les tester. Administrations responsables des aides financières, banques, chambres consulaires, organisations professionnelles devraient être impliquées comme formateurs dans un plan de formation-production qui fabriquerait non seulement les entreprises, mais le tissu vivant les intégrant dans l'activité. Ce tissu serait aussi un outil pédagogique pour tous ses protagonistes qui inventeraient en agissant les moyens d'accueillir l'innovation et de la faire fructifier.

En 1980-1981, a siégé à Lyon un groupe de travail chargé de rechercher les moyens de coordonner les politiques des instances qui traitent les dossiers des stagiaires suivant des formations liées à la création d'entreprises. Les banquiers et les administrations responsables des aides ont rencontré les promoteurs de la région qui préparent annuellement près de deux cents candidats. Les financeurs ont, dans un premier temps, fait valoir leurs impératifs — nécessité que l'emprunteur assume personnellement un risque financier conséquent — mais les moyens de prendre en compte la formation reçue pour faciliter l'octroi d'un prêt ou d'une aide restent à l'étude. Parmi ces moyens, il y a la participation de certains banquiers ou administratifs aux formations voire aux jurys de fin de stage. Un groupe technique animé par la Banque de France a été saisi du cas des entreprises en déshérence ou en difficulté. Il examine les moyens de mieux faire circuler dans la région Rhône-Alpes l'information sur ces opportunités de reprise et les hommes disponibles capables de prendre de telles responsabilités. Une formation spéciale sera peut-être organisée pour traiter ces hypothèses particulières. Les représentants de certaines firmes qui facilitent la création d'entreprises par certains de leurs cadres participent aux travaux.

L'exploitation organisée et systématique des possibilités de développement novateur découvertes de façon presque occasionnelle par l'étude des premiers stages de formation liée à la création d'entreprises permettrait de traiter l'allergie à l'innovation du milieu socio-économique. Un tel résultat ne peut être obtenu avec des opérations éparpillées. Il serait nécessaire de concevoir des programmes de formation-production donnant aux créations d'entreprises une dimension collective impliquant les principaux acteurs économiques simultanément formateurs et formés.

NOTES

[1] Larousse en 10 volumes

[2] Le théâtre de celle-ci se joue à quatre personnages : les ménages, les entreprises, les administrations et les institutions financières.

[3] Interview au *Monde* du dimanche 30-1-1980.

[4] Les chambres de commerce, chambres de métiers et chambres d'agriculture évoluent rapidement ainsi que les banques et parmi leurs agents nombreux sont ceux qui aident à la création d'entreprises notamment par la formation.

[5] Georges Duby, Médiéviste (*Le Monde* du 24-5-1981).

[6] « Gens de Métiers » A.L.G.O.E. (9 bis, route de Champagne, 69130 Ecully).

[7] Le rédacteur de l'étude, M. Amiral, ajoute que ces qualifications conditionnent tout développement ultérieur des branches professionnelles en cause. D'après lui, quelles que soient les difficultés d'un secteur, des dispositions devraient être prises pour sauvegarder l'emploi des « gens de métier » qui, l'ayant animé jusqu'ici, sont les mieux à même de préparer la relance ou les transformations nécessaires.

[8] Certaines de ces expériences sont décrites en annexe II.

[9] Par l'atelier « Moyens d'action de la création institutionnelle M.A.C.I. », avec le soutien de multiples organismes : Chambre syndicale des Banques Populaires, Commissariat au Plan, Fonds d'Assurance Formation pour la Région Midi-Pyrénées, Délégation à l'Emploi du Ministère du Travail, Délégation à la Formation Professionnelle, le C.E.S.I. - C.E.F.I. et le G.L.Y.S.I. (Université Lyon, II). L'étude porte sur quatre régions : Sud-Ouest-Aquitaine, région Loire, ensemble Metz-Nancy-Vallées Vosgiennes et région Rhône-Alpes. Les résultats des recherches réalisées dans ce cadre par Philippe Bernoux, Michel Boutin et Alin Exiga sont largement utilisés dans la suite du chapitre.

Chapitre III
Formation et développement de zone

Le laboratoire de psychologie sociale de l'Université Lyon II a conduit et étudié pendant deux années « une action de formation créatrice d'emplois ». En mars 1981 a été publié le compte rendu de cette réalisation. Le groupe était au départ de dix-sept femmes habitant l'ouest lyonnais et désireuses d'exercer une activité après avoir élevé leurs enfants. Au terme de l'opération, deux ont constaté qu'il n'était pas nécessaire qu'elles retravaillent, deux ont trouvé un emploi salarié, deux suivent une autre formation et onze ont créé une association « Anim'Ouest » gérant un restaurant communautaire et une boutique de troc qui leur procure des emplois à mi-temps. Trois de ces postes sont rémunérés par l'Etat au titre des emplois d'utilité collective. Animateurs et stagiaires notent modestement dans le rapport qu'ils ont établi ensemble : « ces entreprises ne sont en aucun cas un élément de réponse au problème du chômage. Elles sont une force d'appoint, un lieu de passage et de réactivation des forces vives de relations et d'apprentissage, un lieu créatif facteur d'équilibration et de convivialité dans une société en crise ».

Une dizaine d'organismes publics et privés réalisent le programme de formation liée au redéploiement économique du département de la Loire. Sur 264 personnes ayant achevé leur formation au 31 décembre 1980, 58 sont salariées et 86 ont créé leur emploi embauchant en outre dix-sept personnes. Pour 1,9 million de francs de crédits de formation, les investissements des créateurs d'emploi devraient s'élever à 4,3 millions et la valeur ajoutée développée pour la première année par les mêmes créateurs à 7,7 millions de francs (quatre fois l'investissement formation). Après un an d'efforts coordonnés dans l'association qu'ils sont constituée[1], les promoteurs et l'Agence Nationale pour le Développement de l'Education Permanente[2] estiment qu'ils sont commencé à prouver que les objectifs assignés à l'opération:
- dynamiser les activités économiques du département,
- privilégier le placement des demandeurs d'emploi,
pouvaient être atteints.

Pour obtenir ces résultats, le rôle assumé par l'A.C.O.F.R.E.L. a été sensiblement plus large que celui habituellement attribué aux organismes formateurs.

Le programme a comporté:

- l'exploration d'une partie du potentiel économique de la Loire;
- la mise en œuvre d'une pédagogie appropriée.

L'exploration d'une partie du potentiel économique de la Loire a été réalisée avec le concours des chambres consulaires, des administrations départementales, de certaines collectivités locales, des stagiaires et des intervenants des organismes de formation. Plusieurs centaines d'entreprises ont été visitées et plus d'un millier de personnes ont participé aux réunions de travail nécessitées par cette phase du programme. La formation ainsi présentée a été perçue comme une fonction du développement tant au niveau des services de la production, de l'innovation et du marketing des entreprises que par les responsables de l'économie rurale.

Parallèlement, les ressources humaines que constituent les demandeurs d'emploi, ont été mobilisées. Sur trois cent soixante-dix stagiaires entrés en formation en 1980, un quart seulement ont suivi un cycle dont le contenu avait été arrêté par les formateurs. Sur le reste de l'effectif, soit deux cent soixante-dix-huit personnes, cinquante-trois avaient presque élaboré leur projet avant d'accéder au programme, mais pour les deux cent vingt-cinq autres — dont cent douze femmes — ledit projet a été presque totalement mis au point pendant le stage. La pédagogie particulière employée par l'A.C.O.F.R.E.L. présente quatre caractéristiques ainsi exposées dans le rapport cité ci-dessus.

« Que ce soit dans ses objectifs, dans ses contenus ou dans ses modalités, les formations dont ont bénéficié les stagiaires ont été élaborées grâce à une concertation tripartite à laquelle ont participé les entreprises et les agents économiques, les formateurs et les formés eux-mêmes.

Les actions menées présentent quatre caractéristiques communes :

- L'existence d'une phase « diagnostic » au cours de laquelle a été réalisée l'exploration du potentiel interne du stagiaire et du potentiel économique externe puis élaboré un plan de formation permettant leur adéquation. La fiabilité de cette exploration et de cette élaboration repose, ici aussi, sur l'intervention conjointe des agents économiques des stagiaires et des formateurs.

- La pratique de l'alternance, c'est-à-dire la co-participation des entreprises à l'activité pédagogique par l'utilisation de leurs capacités humaines et techniques, sans qu'il s'agisse d'une simple opération d'adaptation à un poste de travail.

- Le recours maximum à l'exercice des responsabilités par les stagiaires eux-mêmes: enquêtes économiques et techniques, autodiagnostics, évolution des contenus et des méthodes de formation, recherche d'emplois ou d'implantation ont été réalisés pour la plus grande part par les intéressés.

- On conçoit aisément que, dans ces conditions, la formation ne puisse être que personnalisée. Chaque stagiaire, ou presque, élaborant son propre projet professionnel et le plan de formation correspondant, le suivi, le contenu, l'implantation, les recherches d'emploi ou d'installation ont dû être individualisés.»

Les constats différents de Lyon II et de l'A.C.O.F.R.E.L.-A.D.E.P. sont également fondés. Le stage organisé sur l'ouest lyonnais est une opération ponctuelle ouverte à un public victime d'exclusion sociale mal armé pour créer de l'activité faute d'expérience et de connaissances professionnelles et surtout de disponibilité, la plupart des intéressés ne pouvant travailler qu'à mi-temps. Par ailleurs, si le projet obtient l'appui d'une municipalité, il semble ignoré par les organisations patronales et la Chambre de Commerce et d'Industrie.

Au contraire, le programme A.C.O.F.R.E.L.[3] devient plus cohérent à mesure que les divers partenaires socio-économiques — Conseil Général, chambres consulaires, organisations professionnelles d'employeurs et de salariés, municipalités — admettent le postulat simple sur lequel est fondé l'édifice. «Une partie des ressources humaines que constituent les chômeurs peut être réactivée par certaines formations créant, à terme, les conditions du réemploi d'un plus grand nombre. »

Les liens privilégiés qui unissent les formateurs confédérés de l'A.C.O.F.R.E.L. aux autres structures du département facilitent l'adhésion de celles-ci. Même lorsqu'ils sont en situation de dépendance par rapport à ces structures, c'est le cas des centres de formation des chambres consulaires, les promoteurs ont fait valoir l'efficacité de l'union avec leurs ex-concurrents. Les résultats leur donnent raison. L'A.C.O.F.R.E.L. conduit de front des stages professionnels classiques visant à combler des demandes de personnel qualifié tels que des soudeurs, des formations améliorant la gestion des petites et moyennes entreprises (sociétés d'aide à la gestion ou à l'exportation) ou lançant des activités de pointe (micro-informatique, automatismes...), enfin des cycles liés au développement de polyactivités et des emplois à faible productivité en milieu rural. Son originalité principale est de faire coexister des démarches qui renforcent l'économie capitaliste classique avec des stages à la création de circuits économiques courts associant autoconsommation et réduction des revenus monétaires du travail.

Un tel mariage semblait aussi impossible que celui de l'eau et du feu. La formation continuée confirme ici sa vocation de synthèse. Cette expérience révèle non seulement la possibilité mais la nécessité de faire coexister voire de renforcer l'un par l'autre les deux systèmes économiques. Chercher à surmonter la crise c'est inventer tant les emplois qui améliorent les performances commerciales et technologiques des entreprises « classiques » que ceux qui permettent la satisfaction de nouveaux besoins socioculturels et fonctions d'utilité collective « expérimentées » en formation-production.

Dans les projets issus de l'expérience A.C.O.F.R.E.L., on peut noter côte à côte le lancement d'un nouvel appareil d'analyse biochimique, d'une entreprise d'automatisme électrique industriel, la création d'une fabrique de moteurs solaires, d'un élevage d'oies à plumes, d'une entreprise apicole, d'un atelier de céramique, d'une association pour la vente de produits locaux...

Avant d'envisager la multiplication de projets du type A.C.O.F.R.E.L. dans lequel la formation « produit » le programme de développement d'une zone géographique, il faut reconnaître les obstacles que de telles « expérimentations » vont rencontrer. Ces obstacles procèdent du mécanisme d'exclusion déjà évoqué par lequel notre société économique tend à réduire l'importance du facteur humain. Nous l'avons vu à l'œuvre diminuant l'emploi dans les systèmes de travail existants ou conjuguant les forces des entreprises en place pour limiter la création de nouvelles structures productives par des individus qui ne sont pas membres du « club ». Les stratégies mystérieuses des multinationales ou des Etats exercent sur des régions entières des effets comparables. En peu d'années, voire en quelques mois, l'activité dominante est démantelée, le taux de chômage croît, incitant une fraction de la population, surtout les jeunes au départ. Les entreprises restant en place, pour la plupart sous-traitantes, n'offrent plus que des rémunérations et des conditions de travail médiocres aux privilégiés qu'elles acceptent d'embaucher. Le pays qui dépend de plus en plus de centres de décisions extérieurs exporte son épargne et tend vers l'équilibre de l'accommodation à la pauvreté[4].

Croire que des projets comme celui de l'A.C.O.F.R.E.L. peuvent contrebalancer de telles tendances sera considéré par beaucoup comme une impertinence présomptueuse. Une censure comparable a dû s'exercer au quatorzième siècle contre ceux qui remettaient en cause au nom de l'homme les savoirs anciens et les institutions dont ces savoirs étaient les soubassements. Qu'advient-il des « vérités » qui fondent nos structures économiques lorsque celles-ci travaillent contre l'homme et non plus pour lui ? Reconstruire une société économique dédiée à l'homme serait la renaissance de notre siècle et cette renaissance comme la fin du Moyen Age se traduirait par un vaste effort de formation.

Montesquieu écrit dans *L'Esprit des Lois* : « le gouvernement tyrannique coupe l'arbre pour avoir le fruit ». En ce sens, procèdent de la tyrannie les prétendues fatalités économiques qui raréfient le travail. Cet abus de pouvoir anonyme touche ceux qui perdent leur emploi ou n'en ont pas encore trouvé. Les technostructures, ensemble des équipes qui dirigent les « affaires » dans les pays développés, récusent désormais le risque. Or, celui-ci est fonction de l'innovation technologique qui remet en cause les investissements antérieurs et du volume de la main-d'œuvre liée par contrat à l'entreprise, la pression des effectifs augmentant la probabilité de conflit social. La situation est à haut risque lorsque l'innovation proposée implique l'accroissement du personnel. Ceci explique que les grandes entreprises n'accueillent les innovations que si elles sont compatibles avec une mécanisation qui évite de recourir largement à l'embauche. Eventuellement, on laisse de petits créateurs essuyer les plâtres, le même système qui leur rend la vie dure étant prêt à les récupérer en cas de réussite.

Le libéralisme change. La recherche du profit sur lequel il reste fondé n'est plus rémunération du risque pris, mais résultat bénéficiaire d'une structuration des facteurs de production favorisant le capital investi par rapport à la main-d'œuvre. Paradoxalement, la nécessité de ce profit qui sans risque réellement assumé perd ce qui le fonde en droit, est réaffirmée comme permettant, face à la concurrence internationale, l'entretien et le renouvellement d'un appareil de production qui conditionne l'emploi du facteur humain dont il est aussi et de plus en plus le concurrent. La priorité donnée aux marchés extérieurs par les économies développées a pour conséquence la marginalisation des communautés à faibles revenus : leurs besoins peu solvables, non pris en compte sur le marché, ne sont satisfaits que si l'initiative publique y pourvoit. Le scandale arrive : des utilités sociales et culturelles demeurent négligées alors que la collectivité non seulement produit globalement tous les biens et services nécessaires aux besoins fondamentaux des habitants, mais dégage en sus des ressources humaines disponibles pour d'autres travaux. La crise, le chômage durable, c'est l'incapacité d'affecter les plus-values de productivité au réemploi de la main-d'œuvre dégagée par la constitution de ces plus-values. Cette incapacité touche des groupes humains et aussi des régions.

La formation-production réagit contre les jachères intempestives et contre les exclusions. Elle tente de subordonner la production à l'emploi au sens où le paysan exige que la terre soit nourricière. Ceux qui en bénéficient apprennent, en partie de la production elle-même, comment la domestiquer, et le faisant, ils se découvrent des aptitudes diverses, un sens de l'initiative et des responsabilités, des capacités de communication et de compréhension qu'ils ne soupçonnaient pas.

C'est parce qu'ils peuvent cultiver cette partie d'eux-mêmes restée en friche, qu'ils retrouvent du travail. Ceux qui créent une petite entreprise vont au-delà. Ils s'aperçoivent qu'une fraction de leur patrimoine jusque-là improductif lui aussi peut devenir productif et ils le mobilisent. La formation-production rend à l'activité des individus et peut accroître le nombre des petites entreprises qui se créent, améliorant ainsi l'espérance de vie de ces dernières. Ces actions sur les personnes et les structures élémentaires du tissu économique peuvent être observées an maints pays. Foisonnantes et la plupart du temps empiriques, elles seraient plus efficaces si elles étaient conduites de manière plus consciente.

Les programmes de formation liés au développement d'une zone géographique tel que le projet A.C.O.F.R.E.L. constituent une troisième famille de formation-production. Outre qu'ils apparaissent parfois comme la juxtaposition de formations-productions élémentaires, il faut considérer pour bien les comprendre que dans ces projets une démarche de formation-production est à l'œuvre pour formuler et appliquer un plan de développement avec le concours des habitants bénéficiant des stages. Certes, la première esquisse du programme de formation-développement est le fait des promoteurs, mais la formation consiste pour partie en une remise en cause des objectifs et des moyens retenus d'abord. Un programme de formation-développement pourrait être aussi, en grande partie, produit par des stagiaires et appliqué par eux.

En fait, les expériences réalisées ne font au mieux qu'approcher cette hypothèse. Comme dans le cas des formations-productions liées à la recherche d'emploi ou à la création d'entreprises, les programmes de formation liés au développement ne procèdent que pour partie, et de manière empirique, du principe de formation-production. L'application consciente de celui-ci devrait décupler l'efficacité d'une procédure qui ne concernerait plus quelques individus ou petites entreprises mais une zone économique. Ce ne sont plus des chômeurs qu'il faut imposer à l'activité, mais des zones géographiques entières à revivifier avant que les mécanismes d'exclusion à l'œuvre, au plan général comme au particulier, ne les inscrivent au bureau de chômage des régions pour obsolescence industrielle ou agricole.

Peut-être faudra-t-il décréter que toute contraction des effectifs dans une entreprise par gain de productivité oblige à inventer le réemploi des personnes « libérées » ? C'est une question stupide pour un taux de chômage de 7 %. Elle apparaîtra tout juste impertinente à 15 % et deviendra sensée à 25 %. La formation-production crée des pratiques qui éviteront de recourir à ce décret impossible. Elle substitue à l'Education refermée sur son immense corps, des systèmes de travail formateurs qui ouvrent sur d'autres systèmes de travail ou deviennent entreprises d'hommes. Plan de formation des habitants d'une région en crise, elle peut « produire » le programme de développement de la région et le réaliser pour partie. Les exemples décrits dans l'annexe III témoignent d'expérimentations poursuivies dans cette voie de manière plus ou moins consciente.

Il n'y a pas, dans ce domaine, de réalisations entièrement réussies. Parmi les plus anciennes et plus importantes, les actions de formation collective (A.F.C.) lancées par Bertrand Schwartz[5] sur divers bassins miniers en crise bien avant 1973, font figure de précurseurs. Les résultats de cette première génération de projets sont maigres au plan économique. C'est que, en dépit de leur titre, ces actions restent de « promotion sociale » et, par conséquent, individualistes. Elles sont filles de leur époque dont le principal apport en matière de formation d'adultes fut de développer la promotion sociale, offre de stages financés sur fonds publics pour permettre aux salariés de poursuivre en dehors du temps de travail des études débouchant sur un diplôme de l'enseignement technologique à partir duquel ils pourraient espérer une amélioration de leur position hiérarchique et financière.

Pour les A.F.C. de Bertrand Schwartz, le terme collectif désigne le mode de formulation de la demande de stage: les responsables locaux, les stagiaires doivent y contribuer. Il renvoie aussi aux techniques de groupes très largement employées. L'action de formation collective ne vise pas la création d'emplois pour les stagiaires, encore moins leur participation à un programme de développement de leur bassin. Cependant, ces opérations ont réussi à faire entrer en formation des publics qui seraient restés insensibles à une offre de stages classiques. Faisant souvent abstraction du diplôme, la promotion obtenue peut consister dans l'apprentissage de technologies permettant de « produire » pour un cercle restreint de parents ou d'amis, qu'il s'agisse de réparations mécaniques ou électricité bâtiment ou de couture. Handicapés par l'insuffisance de leur formation première, les stagiaires des A.F.C. ont fréquemment acquis des compétences non professionnelles qui socialisaient à nouveau ceux qui avaient perdu leur emploi.

Le rôle socialisateur de la formation continuée est constant. Il apparaît ici sous sa forme élémentaire, mais dans les formations-productions, accès à l'emploi et créations d'entreprises sont socialisation. Quand aux programmes de formation liés au développement d'une zone, ils sont remise en cause de la situation sociale.

Les autres projets appliqués à une zone géographique sont collectifs alors que leur titre ne l'annonce pas. Ils ont pour but de rendre à des habitants la volonté et les moyens de rétablir leur morceau de pays dans la culture vivante. Ramené à cet essentiel, le schéma vaut pour un quartier comme la Pointe Saint-Charles à Montréal, une région rurale en crise économique et démographique tel que le département de l'Ardèche ou un bassin industriel en difficulté comme le département de la Loire ou la région d'Achfeld Murboden en Autriche.

Le projet d'Achfeld Murboden en Autriche diffère sur deux points essentiels des actions de formation collective dont il est contemporain. Il poursuit un objectif de développement défini sans la participation des stagiaires. Les responsables professionnels et les élus locaux ont voulu cet équipement lourd, notamment le Centre de Fohnsdorf qui a permis la reconversion d'une grande partie de la population de la mine et la formation de la jeunesse aux métiers de l'électricité et de l'électrotechnique offerts par de nouvelles entreprises. Le succès économique de l'opération est plus marquant que celui des actions de formation collective. Le programme résulte de la bonne entente des autorités politiques, administratives et professionnelles, mais il n'a pas été défini en liaison avec la population elle-même. Peut-être a-t-il pu réussir en faisant l'économie de cette mise en cause parce qu'il intervenait à une période de prospérité générale. Il est plus facile de relancer une région déprimée quand son environnement est prospère.

La formation-animation du quartier de la Pointe Saint-Charles à Montréal, les projets français de l'Ardèche et de la Loire réagissent contre des exclusions collectives. La Pointe Saint-Charles peuplée de petits salariés, de chômeurs et de parents isolés appartient presque au Tiers Monde. Ses habitants qui pâtissent des insuffisances des services collectifs sont malgré leurs faibles revenus victimes de certaines pratiques de vente forcée.

L'Ardèche est un département miné par l'exode, durement touché par la crise du textile, sa principale activité industrielle étant le moulinage. Les Ardéchois sont en situation semi-coloniale, leur épargne abondante surtout en milieu rural est canalisée pour aller s'investir hors du département où se situent aussi la plupart des centres de décision économique. Du fait du vieillissement la population active représente 36,9 % de la population totale, alors que la moyenne française est de 41,4 %.

La Loire, pays de vieille tradition minière et industrielle n'a guère bénéficié des investissements des grands groupes qui ont été implantés et les responsables économiques du cru s'adaptent difficilement aux évolutions locales. Au plan démographique, la situation est moins dégradée qu'en Ardèche, les actifs représentant 40,9 % de la population totale. En revanche, ce département connaît le plus fort taux de chômage de la région, les licenciements collectifs s'y succèdent, dus souvent aux décisions de grands groupes nationaux ou transnationaux.

Pour des raisons diverses, ces trois zones géographiques très différentes sont mises à l'écart des circuits d'activité et leurs situations s'aggravent. La réaction de la Pointe Saint-Charles peut être ramenée, pour l'essentiel, à la formation des consommateurs qui, non seulement ont appris à se défendre contre les publicistes indélicats mais sont devenus en groupe les promoteurs d'une clinique et d'une pharmacie coopérative.

Le projet Ardèche est marqué par la lutte contre le sous-emploi avec amélioration des pratiques actuelles et développement des activités, les liens que les formations ont tissés créant des mécanismes d'entraide parfois institutionnalisés sous forme d'associations ou de coopératives.

L'expérience Loire déjà citée sous le titre A.C.O.F.R.E.L.

est caractérisée par les stages de diagnostic qui repèrent et analysent les opportunités économiques; ils sont suivis de stages de formation-production pour expérimenter les hypothèses retenues, voire les exploiter en créant des entreprises. Il est remarquable que pour réaliser leurs projets, la plupart des stagiaires trouvent en prélevant sur leurs patrimoines les moyens d'investir, transformant ainsi des éléments stériles en capital productif. Leur démarche fait écho à celle des Québécois de la Pointe Saint-Charles suscitant de l'activité à partir de leurs besoins de santé.

L'utilisation de la formation comme une fonction du développement n'est consciente que dans les projets français. Pour le secteur de la Pointe Saint-Charles, le développement a été obtenu de surcroît au terme d'une formation revendicative. Mais, leur différence même le prouve, les projets Ardèche et Loire n'ont pas épuisé toutes les possibilités des programmes de formation liés au développement de zones géographiques. En outre, ils ont pratiquement laissé en jachère l'éducation du consommateur. La question a été traitée en Ardèche pour la gestion des soins vétérinaires en particulier, mais les résultats sont moins importants qu'au Québec.

Les nouveaux programmes de formation liés au développement de zones géographiques devraient utiliser toutes les voies dont l'expérience confirme l'efficacité. Pour lutter contre les phénomènes d'exclusion, il faut mobiliser dans ces zones les fractions les plus dynamiques parfois les plus contestataires, conformément à la règle posée par J.K. Galbraith dans *Théorie de la pauvreté de masse*. L'accommodation des habitants à l'appauvrissement est difficilement réversible et pour briser cette accommodation collective, il est nécessaire de capter l'énergie de ceux qui la supportent le plus mal. Ce peut être des ruraux victimes du sous-emploi ou des chômeurs, mais il conviendrait d'y associer des salariés d'entreprises soucieuses d'alléger leurs effectifs et des étudiants ou techniciens qui pourraient effectuer, en participant à ces opérations, un service civique se substituant au service militaire. En effet, ces programmes devraient pouvoir mobiliser les individus les plus compétents, ce qui se réalise rarement. Compte tenu du fonctionnement actuel du marché du travail, les personnes très performantes trouvent rapidement des emplois salariés. Il est probable que dans ces postes ils exercent des fonctions moins essentielles du point de vue de l'intérêt général que le rôle stratégique qu'ils assumeraient dans des projets de formation-développement.

En toute hypothèse, les groupes de diagnostic et de formation-production rechercheraient les moyens de réduire sous-emploi et chômage. Les solutions, aussi diverses que les situations locales, se renforceraient en développant systématiquement les réseaux informels ou formels qui conditionnent la réussite et le développement des initiatives individuelles et collectives. Les diagnostics comporteraient analyse critique des consommations de tous types dans le but d'en améliorer la qualité et de trouver les opportunités supplémentaires de fabrication sur place. Dans une perspective proche de celle ouverte par les expériences québécoises du quartier de la Pointe Saint-Charles et de Sherbrooke qui attestent ces possibilités, on peut citer la création par des stagiaires du projet Loire d'une Association aidant les donneurs d'ordre de Saint-Etienne à trouver sur place leurs sous-traitants.

Les expériences évoquées à l'annexe III sont suffisamment réussies pour qu'on puisse recommander de recourir aux programmes de formation-développement sur toutes les zones à problèmes et même de faire des règles communes à ces apprentissages créatifs, l'essence de la formation continuée. Les vrais obstacles ne sont pas techniques mais politiques.

Les tentatives du Québec sont très critiquées par les instances qu'elles mettent en cause, organisations professionnelles, notamment celles qui représentent médecins et pharmaciens. L'administration est divisée à leur sujet et les subsides accordés pour permettre la survie des expériences en limitent aussi l'essaimage. Ces projets pâtissent de la querelle idéologique dont ils sont issus. Conçus par des opposants pour structurer l'opposition populaire, ils sont marginalisés par le pouvoir. L'expérience ardéchoise présente beaucoup d'affinités avec les schémas québécois. Du fait de l'insuffisance des structures locales de formation, la coordination du programme a été confiée à un organisme extérieur au département, le Centre d'Etudes et de Formation Rurales Appliquées (C.E.F.R.A.). Celui-ci ne pouvant réussir du fait du vieillissement de la population originaire du département qu'en s'appuyant largement sur les jeunes néo-ruraux, a favorisé les expérimentations d'économie «duale» autoconsommation, organisations de circuit court, recherche de mode de vie peu dispendieux. Ce faisant, le C.E.F.R.A. s'est trouvé enferré dans une querelle idéologique bien qu'il ait parallèlement maintenu son effort en faveur des individus ou groupes qui demandaient à la formation d'améliorer ou de diversifier les activités qu'ils entendaient maintenir dans les schémas économiques classiques. L'hostilité a été virulente au niveau des Chambres de Commerce et d'Agriculture acquises à un développement adaptant la réalité ardéchoise aux commandes de l'économie nationale ou européenne : développement d'un tourisme industrialisé et d'une agriculture limitée aux seules zones rentables avec création corrélative de réserves touristiques, ce qui est une autre façon d'exclure. L'attitude des Chambres de métiers a été mitigée : elles appréciaient les concours renforçant les artisans en place, mais supportaient mal les actions aboutissant à l'installation de nouveaux artisans aux profils inhabituels ou apprenant aux ruraux comment effectuer une partie des travaux auparavant demandés aux réparateurs patentés.

Les élus locaux ont généralement évité de prendre parti dans un conflit qui a réduit l'efficacité globale du C.E.F.R.A. Celle-ci reste considérable. Beaucoup des réseaux mis en place acquièrent leur vie propre et les perspectives de développement explorées sont progressivement utilisées. Surtout les structures qui s'étaient opposées au programme lorsqu'il était assumé par un autre partenaire, en récupèrent tel ou tel aspect et admettent couramment que la formation est une fonction du développement.

Fondé sur le même principe de mobilisation des ressources humaines, le projet Loire s'est appuyé dès le départ sur une association regroupant les principaux organismes formateurs du département dont les chambres consulaires. Il a acquis droit de cité, mais les choses sont facilitées par le fait qu'il s'intéresse beaucoup moins que le C.E.F.R.A. aux formations liées aux développements alternatifs. La situation locale ne le requiert pas, l'économie de la Loire, moins dégradée, pouvant trouver en elle-même des ressources qui n'existent plus en Ardèche.

La méthode employée dans la Loire servira de référence. Elle met en cause les chambres consulaires en s'appuyant sur leurs services de formation. Ceux-ci sont confédérés par le projet avec les autres formateurs de la zone. Toutes renforcées par l'union, ces instances font prévaloir dans leurs milieux respectifs que la formation continuée n'est pas seulement servante des structures productives existantes, mais aussi initiatrice d'activités nouvelles. Les formations-productions étant, sur cette base, mises au service d'un plan de développement local largement accepté, on peut considérer que le cheval est dans Troie. Investissant les systèmes de travail et en créant de nouveaux, la formation-production suscite un climat de confiance grâce auquel les décideurs transgressent largement les considérations de structure et de secteur. C'est dans la mesure où il amollit les carapaces des institutions habituellement affrontées qu'un programme de formation lié au développement d'une zone géographique peut réussir.

Les difficultés rencontrées pour créer des emplois classiques font que lorsqu'il aura pourvu ceux-ci, le programme devra se consacrer aux activités alternatives. Mais il aura auparavant fait ses preuves sur le marché primaire de l'emploi. Forts de ces résultats et constatant à partir des premières expériences la compatibilité des systèmes à faible rendement avec les schémas classiques, les partenaires sociaux et les administrations concernées admettront le développement des emplois de l'économie alternative. Celle-ci s'installera dans les vides laissés par les restructurations. Elle coexistera avec l'économie classique comme l'économie traditionnelle cohabite avec l'économie de marché à l'occidentale dans les pays du Tiers Monde.

NOTES

[1] L'Association pour la Coordination des Formations liées au Redéploiement Economique de la Loire (A.C.O.F.R.E.L.).
[2] Deuxième rapport d'activité Actions coordonnées de formation pour le redéploiement économique de la Loire — Agence nationale pour le Développement de l'Education Permanente (A.D.E.P.) et A.C.O.F.R.E.L.
[3] Cf. en annexe III une description plus détaillée de l'opération A.C.O.F.R.E.L. et des autres projets cités dans la suite de ce chapitre.
[4] J.K. Galbraith, *Théorie de la pauvreté de masse*.
[5] Bertrand Schwartz: Professeur à l'Université IX Paris Dauphine. Son dernier ouvrage «Rapport sur l'insertion professionnelle et sociale des jeunes» (La Documentation française, septembre 1981) répondait à une commande gouvernementale et a inspiré beaucoup des mesures prises ultérieurement en faveur des jeunes.

Chapitre IV
La formation continuée authentique, une fonction nouvelle

Nul ne conteste que la formation professionnelle, c'est-à-dire les modes d'acquisition d'aptitudes et de connaissances dans le but d'exercer une activité rémunérée, soit fille de la division du travail.

Parallèlement à son développement, les programmes de l'enseignement général et des enseignements professionnels se sont ramifiés en de multiples matières et sous-matières, soit que cette répartition corresponde aux exigences de certains métiers, soit que l'évolution des enseignements eux-mêmes, et dans une mesure difficile à déterminer, les habitudes prises par les formateurs et le souci légitime de leurs commodités, aient abouti à cet éparpillement.

Par ailleurs, il semble que ces deux évolutions simultanées — éclatement des tâches, émiettement des savoirs enseignés — se heurtent maintenant à ce qu'il est convenu d'appeler la loi des rendements décroissants.

L'élévation moyenne du niveau culturel acquise en dépit de la division des enseignements et, sans doute, en partie par l'apport des mécanismes de formation extérieurs à l'école, rend de moins en moins tolérable par nos concitoyens une division des tâches qui interdit à beaucoup de travailleurs toute attitude créative ou responsable. C'est la raison pour laquelle de nombreuses entreprises, et notamment quelques grands groupes, s'efforcent de compenser par une redéfinition du travail d'équipe la tendance de beaucoup d'industries modernes à n'employer que des robots humains ou mécaniques. Le fait de confier à une équipe ou à un individu la gestion d'une partie d'une chaîne avec responsabilité des approvisionnements, des contrôles de cadences et de qualité et d'entretiens courants, permet de requalifier des tâches qui, dans l'organisation antérieure, étaient, en fait sinon en droit, des emplois de simples manœuvres. Il semble que cette préoccupation, très sensible au niveau des entreprises[1], est justifiée également par le fait que l'humanisation du travail est généralement plus économique en raison notamment de la réduction des coûts sociaux internes qu'elle permet de réaliser.

Les enseignements dominants, c'est-à-dire les filières initiales, ne semblent pas marqués, du moins dans notre pays, par une préoccupation semblable. Au contraire, la tendance reste aux spécialisations, aux divisions plus fines, aussi bien dans l'enseignement général que dans l'enseignement professionnel. Les baccalauréats, les diplômes techniques se diversifient et chaque formation comporte un nombre croissant de matières. Les mesures prises pour que les élèves résistent à cette analyse déchirante — définition du rôle du professeur principal, rapprochement des professeurs — échouent généralement. Les « bénéficiaires » de ces enseignements fuient dans le bachotage ou l'indifférence les conséquences d'un éparpillement traumatisant. Que l'Education ne cherche pas encore de remède aux excès de la division du travail alors que les entreprises s'en préoccupent sérieusement apparaîtra inéluctable à qui sait la lourdeur structurelle de l'appareil éducatif français[2].

Les expériences évoquées dans les chapitres qui précèdent, sans se référer en aucune façon à une théorie qui poserait comme principe le recours à une pédagogie de synthèse, apparaissent cependant comme contraintes, par leur logique interne, à respecter cet impératif.

Un projet de formation-production se définit de telle sorte que les enseignements donnés permettent la fabrication des produits, ou la réalisation des prestations visées. Le programme est synthétisé par ses objectifs. Ce qui, lors d'une analyse critique peut apparaître comme l'addition d'insuffisances — dans bien des cas, les fabrications n'exigeront que des apprentissages fragmentaires — retrouve son unité en termes d'action. Les stagiaires sont formés pour la réussite d'un projet à la conception duquel ils participent, beaucoup plus que formés dans telle matière.

Le schéma «formations liées à la création d'entreprises» est, à peu de choses près, le même, chaque stagiaire ayant en général à «produire» son propre projet.

Les formations au développement dans une zone géographique relèvent aussi du principe de formation-production, la situation étant à la fois plus complexe et plus ambitieuse puisque le projet doit emporter l'adhésion des différents individus et groupes. L'information active de ceux-ci est la première étape d'une action de développement, structurée par le programme de formation.

Suscités en grande partie par la crise, les divers types d'expériences de formation continue évoqués jusqu'ici relèvent d'une pédagogie à bien des égards opposée à celle de l'enseignement général. Il s'agit d'une opposition encore inconsciente mais en caractériser les principaux aspects n'en est que plus significatif. A la démarche analytique de l'Education d'autant plus spécialisée qu'elle intervient en matière de formation professionnelle[3], les stages de formation-production ou assimilés opposent des projets synthétiques.

En même temps, l'acte de formation cesse d'être transfusion du professeur vers l'élève, pour devenir recherche commune à l'ensemble formé-formateur. Agir de concert exige une qualité de communication presque inconnue de l'école. Alors que l'éducation initiale est fréquemment vécue comme une forme d'assistance juvénile préparant le futur citoyen à subir et revendiquer les multiples formes d'assistance qui caractérisent nos sociétés, la formation continuée participative développe le goût des responsabilités et confère les moyens de les assumer, y compris au niveau du langage.

Si, dans l'éducation initiale, la relation formateur-formé se développe, malgré tout ce que l'on a pu dire et écrire à l'encontre de cette tendance, comme pérennisant un «pouvoir» formateur considérable, en formation continuée cette même relation tend à la disparition du formateur ou plutôt à la confusion des rôles, chacun des deux acteurs s'enrichissant de la communication qu'il établit avec l'autre et, en même temps, l'environnement matériel et humain. Dire que le formateur doit être, vis-à-vis du formé, comme le sel dans l'eau serait un pastiche de la citation de Mao Tsé Toung[4] aussi signifiant que l'original.

Accéder à ces fonctions confère à la formation continuée la spécificité qui lui manquait lorsqu'elle était considérée comme un mécanisme doublant la formation initiale ou compensant les insuffisances de celle-ci. Cette découverte réinventée à partir des divers types de formation-production n'est que l'enrichissement du rôle formateur reconnu depuis toujours aux activités humaines.

Le seul apport, considérable, c'est que tenir compte de la charge pédagogique — éventuellement négative — de toute activité, incite à vouloir améliorer par des actions de formation spécifique le rendement spontané de cette multitude de formations « sur le tas » qui nous constitue. Cette observation, apparemment simple, confère à la formation continuée un rôle immense.

De même que les sciences humaines posent l'homme individuellement ou en groupe comme objet de leurs recherches, la formation continuée devient l'ensemble des moyens par lesquels ces sciences humaines pourraient être réellement des disciplines appliquées. Savoir que différentes civilisations peuvent être hiérarchisées en fonction du type d'homme qu'elles ont produit, pour ne parler que de celles facilement caractérisées par leur technologie et les apprentissages correspondants — on se référera aux civilisations du blé, du riz, de la vigne — engage à concevoir une pédagogie des adultes accusant les effets civilisateurs de tous les processus productifs ou les corrigeant quand ils sont négatifs. Dans une telle perspective, tout travail abrutissant, pour quelque raison que ce soit, devient illégitime, licite la résistance de ceux qui y sont soumis et nécessaire la recherche de solutions de remplacement appropriées. Inventer de telles solutions pourrait être un des rôles de systèmes de formation-production développant les principes esquissés à partir des expériences qui viennent d'être évoquées.

NOTES

[1] Cf. H. Savall, *Reconstruire l'entreprise — analyse socio-économique des conditions de travail*, Editions Dunod.

[2] Ces réserves ont été écrites avant l'annonce des grandes lignes des réformes préparées par Monsieur Savary, Ministre de l'Education Nationale. Les mesures envisagées autorisent maintenant un pronostic plus optimiste.

[3] Cf. du même auteur, *L'Education malade de la Formation Professionnelle*, Editions Casterman (E.3).

[4] Le révolutionnaire doit être dans le peuple comme le poisson dans l'eau.

DEUXIEME PARTIE

LES EXIGENCES DE LA FORMATION CONTINUEE

L'argumentation développée dans la première partie fait apparaître la formation continuée comme une fonction majeure qui rassemblerait en termes de compétence, de capacité d'adaptation, de savoir-faire ou être, les moyens par lesquels nos groupes sociaux s'adapteront aux changements accélérés de l'ère moderne. Elle cesse d'être l'excroissance complémentaire ou correctrice des formations initiales, pour devenir la préparation organisée de ce travail évolutif, apprentissage actif de la communication, de la synthèse et de la responsabilité.

Les importantes modifications de fait et de droit, qui devraient intervenir pour que la formation continuée joue ce rôle fondamental, sont exposées dans cette seconde partie.

Le premier aménagement concernerait précisément la formation initiale.

Chapitre V
La formation continuée doit s'enraciner dans un enseignement initial synthétique [1]

En même temps qu'elle contractait des ambitions de formation professionnelle — essentiellement depuis la dernière guerre — l'Education exaltait irrésistiblement la supériorité des enseignements mathématiques sur les matières littéraires. Etre bon en mathématiques devint ainsi pour les chefs d'établissements, les orienteurs, les familles et les élèves, la grâce absolutoire, et il est bien vrai que les portes des carrières techniques, économiques et commerciales sont ouvertes par la clé mathématique. Nous assistons d'ailleurs à la «mévente» dramatique des littéraires ou assimilés depuis que l'Education elle-même n'assure plus à ces catégories des débouchés suffisants.

Pourtant, dans les administrations comme dans les entreprises, les responsables s'effarent de l'inaptitude à communiquer des agents nouveaux qu'ils recrutent. C'est l'exemple, cent fois cité, des titulaires d'un CAP de sténodactylo incapables de restituer un texte intelligible tant leurs orthographe et vocabulaire sont insuffisants. Plus grave, ce sont les jeunes techniciens ou cadres, souvent frappés d'impuissance quand il faut ordonner leurs idées, se heurtant à de multiples difficultés pour comprendre ou être compris, au point que ce qui fait la différence pour le recrutement ou l'avancement, c'est maintenant bien plus l'aptitude à la communication, aux relations humaines, que le poids et l'étendue du bagage scientifico-mathématique.

S'il ne sait entendre et se faire entendre, nul ne peut exercer esprit de synthèse et sens des responsabilités. Réalisée sans respecter cette exigence, la professionnalisation de l'Education a, en provoquant un trop vif intérêt pour les matières mathématiques et scientifiques, déséquilibré l'enseignement général au point de faire dégénérer les enseignements propres au langage. N'est-il pas symptomatique qu'on ait envisagé à la fin du précédent septennat de réduire encore l'emprise de la philosophie, art de la compréhension ?

Un tel aboutissement a été de longue date préparé par la création, puis le renforcement, de barrières psychologiques entre les matières littéraires et scientifiques. Ces barrières existent depuis qu'on a confié, dans l'enseignement dit général, la responsabilité de ces disciplines à des maîtres distincts, mais le fait de privilégier les unes par rapport aux autres renforce ces frontières. Avec une puérilité à la fois sympathique et dangereuse, beaucoup de professeurs encouragent ce cloisonnement en soulignant l'importance de leurs cours en terme d'efficacité ou de relation artistique.

Par ce détour pédagogique discutable, ils obtiennent que «leurs» bons élèves soient plus agressifs à la fois dans le domaine où ils excellent et contre les matières dans lesquelles ils réussissent moins. Et les préférences des autres élèves s'ordonnent à partir des impulsions données par les têtes de classe, Capulet littéraires contre Montaigu « matheux ». Beaucoup trouveront d'ailleurs ce schéma trop favorable en ce qu'il dépeint une situation conflictuelle mais dynamique. Dans bien des cas maintenant les ressorts sont cassés et il ne reste plus que morne bachotage ou résignation à l'échec.

Ne reproduisant pas les manques de l'Education initiale, la formation continuée telle qu'elle est illustrée dans la première partie recrée communication, esprit de synthèse et sens des responsabilités. Elle peut compenser pour une part les insuffisances constatées à la sortie du système éducatif touchant, pour l'essentiel, la très mauvaise maîtrise de l'un au moins des deux langages fondamentaux, incapacité à se représenter une organisation quelconque et, partant, à s'y intégrer. Ces résultats ne sont acquis à coup sûr que pour les moins démunis des publics en formation, le plus souvent demandeurs d'emploi. En fait, les programmes de formation-production ambitieux, ceux qui portent sur le développement d'une zone géographique, doivent s'appuyer sur des éléments détenant des acquis essentiels. Ce sera comme dans certains cycles du projet Loire, des cadres maîtrisant communication et esprit de synthèse chez qui l'expérience formation-production réveillera le sens des responsabilités. Pour d'autres, candidats à la création d'entreprises, le goût des responsabilités préexistera. Le stage leur donnera les moyens d'acquérir, par les travaux individuels et les exercices de groupe consacrés à leur projet, les sens du contact et de l'organisation indispensables. A défaut, ils renonceront d'eux-mêmes.

Plus généralement, l'impossibilité reconnue par tous les promoteurs d'opérations liées à la création d'entreprise de recruter des stagiaires valables, âgés de moins de trente ans témoigne de l'efficacité négative de notre éducation. A moins d'une improbable mutation génétique, la jeunesse reste la période de la vie où l'esprit d'entreprise fleurit naturellement. Quand l'organisation sociale et l'éducation s'y prêtaient, les jeunes gens exerçaient très tôt des responsabilités diverses jusques et y compris le métier de roi. Il serait difficile d'admettre qu'en l'an de grâce 1982, créer une P.M.E. requiert plus de qualités que la direction des armées de la Révolution ou de l'Empire [2].

La formation continuée, à la fois apprentissage et maîtrise des changements, est identifiée à partir des expériences décrites dans les trois premiers chapitres. Ces expériences ont été souvent réalisées en réaction contre les pratiques de l'Education analytiques, unilatérales et conservatrices.

A contrario, quelle serait l'efficacité de ces démarches de formation continuée si, au lieu d'avoir à compenser les dommages d'un enseignement qui à certains égards mutile, elle pouvait s'appuyer sur une éducation de synthèse ?

Pour répondre à cette exigence, il conviendrait de réviser entièrement l'enseignement secondaire dès les classes d'âges aptes à des constructions complexes. Sommairement esquissée, cette réorganisation comporterait reformulation des matières enseignées par référence à une seule base, la base « système »; celle-ci ferait l'objet d'un enseignement particulier assumé par un professeur principal, prééminent par rapport aux autres maîtres, responsables des matières dites d'application. Les matières d'application seraient divisées en matières obligatoires et facultatives, les matières obligatoires comportant nécessairement les langages essentiels, littéraire, mathématique et informatique[5]. Cette approche permettrait d'axer l'enseignement sur les affinités existant entre toutes les disciplines en trouvant, notamment à partir des langages qui leur sont propres, les constantes de saisie, codification, classification préalables à toute transcription en ensembles significatifs. Sensible dans les langages, la constante des phénomènes d'organisation serait également perçue dans la matière, la vie, la société et les différents groupes constitutifs de celle-ci.

L'expérience fixerait la liste des matières obligatoires à ajouter aux langages essentiels. Cette pédagogie synthétique présenterait, entre autres avantages, celui d'aborder les différents enseignements sous un angle nouveau. Par exemple, les affinités des disciplines artistiques entre elles apparaîtraient liées à leurs fonctions de communication. La musique serait abordée dans les doubles rapports qu'elle établit avec les langages poétiques et mathématiques. Chanson et cinéma auraient droit de cité dans ces programmes. Il faut guérir l'éducation du masochisme implicite qui consiste à exclure toute matière pour laquelle une fraction importante des élèves éprouve un attrait passionné. La culture physique, langage du corps, serait bien sûr un des enseignements obligatoires. Elle inclurait l'enseignement du travail manuel.

Les professeurs principaux chargés de l'enseignement de la base « système » seraient recrutés et formés parmi des enseignants volontaires pour tenter cette expérience épistémologique. La réforme s'acccompagnerait d'une diminution sensible des horaires globaux par la combinaison de la « base » avec un petit nombre de matières d'application secondaire, ne comportant plus qu'un horaire réduit susceptible d'être traité par le seul professeur principal.

Au programme général de l'enseignement secondaire restructuré selon cette esquisse, viendrait s'ajouter une matière nouvelle: la pédagogie. La vie moderne est caractérisée par la diversité des savoirs professionnels et leur constante évolution. Il est donc nécessaire d'apprendre au plus grand nombre l'essentiel des méthodes aidant à bien communiquer les connaissances. La maîtrise de ces méthodes servira aussi lorsque les intéressés devront suivre d'autres cycles de formation. Celui qui sait enseigner sait a fortiori comment apprendre seul. Le cas échéant, son dialogue avec d'autres maîtres en sera facilité.

Ce schéma garantirait maîtrise, équilibre des langages, connaissance et reconnaissance de l'universalité des formes organisées, aptitude à s'enrichir plutôt qu'indigestion de connaissances. Un tel résultat serait atteint par un accès précoce à la philosophie dont relèverait, en grande partie, cet enseignement épistémologique.

Le fait que jusqu'ici le concept d'enseignement général exclut la technique caractérise une des plus graves infirmités de notre pratique éducative. La différence qui devrait toujours subsister cependant entre un enseignement général faisant une large place à la technique et la formation professionnelle, c'est que la technique apprise à l'école n'aurait pas vocation d'affectation sociale. Dans ce contexte, l'étude des métiers du fer et du bois n'implique pas que les élèves deviennent métallurgistes ou menuisiers, pas plus que le fait d'apprendre la géographie ne les transforme en géographes. Par contre, la formation professionnelle qui devrait être suivie hors des structures de l'Education[4] concernerait des individus ayant effectué le choix professionnel correspondant.

Ces critères de motivation utilisés pour distinguer formation générale et formation professionnelle qui peuvent recourir à l'enseignement des mêmes techniques, auraient des conséquences sur l'organisation des filières correspondantes. Dans l'enseignement général, les matières techniques peuvent être abordées au rythme actuel, relativement lent, utilement complété par le recours aux séquences en entreprises[5] qui permettant aux élèves de percevoir les différences entre le milieu scolaire et professionnel, faciliteront leur orientation ultérieure. La formation professionnelle, qui correspond à un projet précis, doit se réaliser aussi vite que possible. S'appuyant sur les bases techniques acquises précisément dans l'enseignement général, les cycles de formation professionnelle ne devraient pas être d'une durée supérieure à un an, les pratiques de la formation professionnelle des adultes (A.F.P.A.) pouvant servir de références. Pour certaines formations professionnelles de plus haut niveau, la mise en œuvre éventuelle de cycles longs devrait, dans toute la mesure du possible, s'accompagner d'un recours à l'alternance qui permettrait de placer sans attendre le formé dans le milieu professionnel où il est appelé à exercer.

Le souci de distinguer la formation professionnelle définie par les motivations du candidat — passé l'âge de l'obligation scolaire, tout élève qui désire entrer dans la vie active devrait pouvoir quitter l'enseignement général pour une filière professionnelle lui permettant de réaliser aussi vite que possible son projet de première insertion — est lié à la nécessité de remédier aux inconvénients du système actuel qui affecte, de façon quasi définitive, les élèves de l'enseignement technique de niveau moyen ou subalterne dans des familles professionnelles qu'ils ont plus ou moins choisies.

L'inclusion de programmes techniques polyvalents

dans l'enseignement général serait la première mesure permettant de battre en brèche cette conséquence du fonctionnement actuel des formations professionnelles initiales. Elle serait complétée par l'organisation de filières de formation professionnelle de courte ou moyenne durée, permettant l'adaptation aussi rapide que possible des jeunes sortant de l'appareil initial, pour répondre à une vocation professionnelle affirmée. Afin que ce couple enseignement général à dimension technique et première formation professionnelle n'aboutisse pas aux mêmes résultats que la pratique actuelle, c'est-à-dire la distribution de bonnes ou mauvaises cartes d'affectation sociale en fonction des résultats des premières études, un nouveau congé-formation devrait être inventé. Cette proposition, développée au chapitre suivant, décuplerait les occasions offertes aux adultes d'enrichir leurs jeux en atouts « connaissances générales, aptitudes professionnelles et capacités créatives ».

NOTES

[1] Pour une part, ce chapitre reprend des thèmes déjà évoqués dans *L'Education malade de la Formation Professionnelle,* chapitre 9: « Enrichissement complémentaire de l'Education et de la Formation Professionnelle ».

[2] L'économie politique rejette l'entreprise dans un univers ésotérique inaccessible en posant dans ses catégories statistiques qu'elle est une entité fondamentalement différente du « ménage ». Cette distinction heurte le bon sens: entre ménage et entreprise, il y a une différence de degré, pas de nature. Quiconque gère son budget familial, vend sa force de travail, entreprend... Créer une « entreprise » au sens économique du terme c'est aller plus loin dans la même voie. Même si c'est actuellement difficile, ce n'est pas changer de loi.

³ L'informatique doit être enseignée par référence aux principes communs à tous les langages. A défaut cette matière se développera sans lien suffisant avec les langages traditionnels et même contre eux. Imaginer nos arrière-neveux communiquant par ordinateurs interposés relève à peine de la science-fiction.

⁴ *L'Education malade de la Formation Professionnelle,* ouvrage cité supra, note 1.

⁵ Il s'agit du dispositif mis au point par le Ministère de l'Education en liaison avec le Patronat, pour permettre aux élèves de l'enseignement secondaire de se familiariser par des séjours de quelques mois dans diverses entreprises avec les ambiances de travail de celles-ci.

Chapitre VI
Permettre tout au long de la vie active la redistribution des « cartes » d'affectation sociale [1]

L'emprise, dans notre société, de l'éducation initiale conduit souvent à des attitudes qui, rigoureusement opposées, sont également négatives. Les uns rejettent prématurément l'univers scolaire. De ce fait, nombreux sont ceux qui entrent tôt dans la vie active sans détenir le bagage culturel correspondant à leur temps de scolarisation réel. Reconnaître qu'au cours de la période précédente, les titulaires du simple certificat d'études primaires étaient mieux armés, reste une triste banalité. Les autres prennent l'univers scolaire comme un refuge et poursuivent des études excessivement longues dont l'utilité est parfois discutable au plan individuel et social. Les intéressés ont souvent des difficultés à sortir d'une adolescence prolongée jusqu'à la trentaine par la scolarisation.

L'alternance, formule pédagogique qui associe formation théorique dans des établissements spécialisés et formation pratique dans les entreprises, doit être développée en France pour remédier aux conséquences du repliement de l'Education sur elle-même. Toutefois, bien que promise à un développement considérable, elle ne saurait compenser toutes les insuffisances du système éducatif. Son principal défaut restera d'être confinée au tout début de la vie active. Si elle rompt, pour une part, l'isolement de l'école, elle reste une formule individualiste spécialisée et assistante. Assumant mieux la fonction de reproduction des formations initiales, elle préparera mal à l'innovation économique et culturelle. Limitée aux jeunes gens et jeunes filles, elle restera à la marge de la formation continuée.

Pour assumer les rôles de celle-ci, fonder les valeurs de synthèse et de responsabilité dans des recherches individuelles et collectives, il est nécessaire d'inventer une autre formule accessible à tout âge. Il pourrait s'agir du congé-formation à l'ordre du jour depuis douze ans.

La loi n° 78754 du 17 juillet 1978 voulait créer les moyens d'un développement sensible du congé-formation. Cette institution permet aux salariés d'obtenir la suspension de leur contrat de travail pendant la durée d'un stage long de formation ou d'éducation permanente. Institué par l'accord paritaire du 9 juillet 1970 et étendu à tous les salariés du secteur industriel et commercial par l'article 7 de la loi du 16 juillet 1971, le congé-formation que ses promoteurs pensaient devoir être la pièce maîtresse de la nouvelle réglementation sur la formation professionnelle continue, n'a connu, en ces huit années, qu'un essor médiocre, 56 000 bénéficiaires seulement ayant été dénombrés en 1976, dont 29 000 avaient été rémunérés pendant un mois, alors que pendant la même année, les entreprises ont envoyé près de 1 700 000 travailleurs en stage. Ces résultats insuffisants sont dus à ce que le congé-formation n'était assorti du droit à la rémunération que dans la limite d'un mois, et à condition que le stage correspondant ait été agréé par une Commission Paritaire de l'Emploi.

Avec les dispositions de 1978 qui commencèrent seulement à produire effet en 1981, 0,5 % des salariées d'une entreprise pouvaient être théoriquement en permanence, en congé-formation rémunéré à condition que les formations choisies aient été agréées par l'Etat. La charge des salaires était supportée par les entreprises, à concurrence de 160 heures pour les stages de moins de 500 heures, et dans la limite de 500 heures pour les formations de plus longue durée. L'Etat prenait le relais des entreprises pour la rémunérations des stagiaires jusqu'à la fin des formations; selon que la durée de celles-ci était inférieure ou supérieure à un an, les rémunérations versées aux bénéficiaires du congé-formation par l'Etat étaient au maximum égales à 300 ou 120 % du S.M.I.C. En outre, des mesures spéciales amélioraient le régime du congé-formation jeunes qui était toujours rémunéré et porté de 100 à 200 heures, et du congé enseignement étendu à l'ensemble des travailleurs, alors qu'il était jusqu'ici réservé aux cadres et limité à 1 % de l'effectif global; ce pourcentage était maintenu, mais il venait maintenant s'ajouter aux 2 % des travailleurs susceptibles de bénéficier d'un congé-formation.

Le 21 septembre 1982, un avenant à l'accord national interprofessionnel du 9 juillet 1970 a renforcé les possibilités d'un réel développement du congé-formation en stipulant que:
- 0,10 % des salaires payés prélevés sur la contribution obligatoire des entreprises à la formation continue seraient réservés à la rémunération des salariés en congé individuel de formation,
- les conditions d'accès au congé-formation seraient plus souples (deux ans d'ancienneté dans la branche dont six mois dans l'entreprise au lieu de deux ans dans l'entreprise — réduction du délai de franchise entre deux stages).

Des organismes paritaires souvent régionaux seront habilités à collecter et gérer le 0,1 % de contribution obligatoire des entreprises réservé au congé-formation. Pour bénéficier de ces dispositions nouvelles les salariés devront obtenir l'autorisation individuelle de leur employeur, celle-ci étant de droit dans les conditions fixées par la loi. L'autorisation obtenue, il lui reviendra de faire agréer son projet individuel par l'organisme gestionnaire ayant collecté le 0,1 % de son entreprise.

Ce dispositif contractuel qui devra être coordonné avec les textes fixant les conditions «d'agrément des stages au titre du congé-formation et de la rémunération des stagiaires» aura une efficacité certaine: le nombre des bénéficiaires pourrait rapidement dépasser les cent mille. Ainsi seraient atteints pour partie, les espoirs mis, dès l'origine, dans le congé-formation, c'est-à-dire enrichissement culturel et promotion sociale des travailleurs, possibilité d'acquérir des connaissances facilitant les adaptations en cours d'emploi, enfin et surtout, réduction des inégalités liées aux résultats des études initiales.

Ces inégalités sont masquées par l'habitude. Pourtant, il n'en est pas qui contredisent davantage la devise de la République. Comparant notre système d'entrée dans la vie active avec la pratique d'outre-Rhin, un auteur allemand caractérisait récemment le mode français par le terme «méritocratie». Et il est vrai qu'en France, les chances de devenir «quelqu'un» sont distribuées avant trente ans d'âge en fonction des diplômes obtenus, ceux des «Grandes Ecoles» primant les autres.

A cette anomalie considérable, scandaleuse pour peu qu'on y réfléchisse un instant, le congé-formation sensiblement amélioré par l'accord de septembre 1982, n'apporte qu'un correctif partiel. Théoriquement, il pourrait donc concerner en permanence près de 100 000 stagiaires. Ce chiffre apparaît assez faible, rapproché des besoins apparaissant chaque année et de ceux cumulés au cours des deux décennies précédentes; en outre, et c'est normal dans le cadre actuellement retenu, ce congé-formation touchera pour une part assez large, des catégories sociales déjà titulaires d'un capital de connaissances et d'aptitudes constitué auparavant en formation initiale ou continue. Que l'appétit des «déjà formés» pour de nouveaux stages soit plus grand que celui des «peu formés» est maintenant reconnu comme une vérité d'expérience.

Pour mieux satisfaire la demande latente ainsi rappelée, et notamment pour qu'une fraction importante des demi-classes d'âge — 300 000 individus environ — qui abandonnent chaque année le système éducatif puissent combler leur handicap, le congé-formation actuel financé sur la contribution des entreprises, devrait être complété par un autre congé-formation, lié aux services publics d'Education et de Formation Permanentes. En période de crise économique, cet élargissement serait aussi l'occasion de mobiliser plus largement les ressources humaines dans des projets de formation-développement conformes aux modèles décrits dans la première partie.

La conception et le fonctionnement de ce nouveau congé-formation devraient logiquement s'enraciner dans la remise en cause des inégalités auxquelles il porterait remède.

Ainsi, il serait possible de définir, en âge, la durée légale moyenne des études initiales, enseignement général et formation professionnelle confondus. Cette durée légale moyenne serait sans doute proche de dix-huit ans. Les jeunes gens et jeunes filles qui abandonneraient l'école avant cet âge pour entrer dans la vie active, entre

16 et 18 ans, pourraient, dans le cours de leur vie active ultérieure, bénéficier d'un crédit de formation équivalent à la durée des études qu'ils auraient été en droit d'effectuer s'ils avaient poursuivi celles-ci jusqu'à l'âge de dix-huit ans. Par contre, ceux et celles qui poursuivraient leurs classes au-delà de dix-huit ans, contracteraient une dette, le montant et les modalités de remboursement de cette dette étant fonction de la durée des études et de la réussite économique du bénéficiaire. Ce remboursement pourrait, bien sûr, être pris en charge par les employeurs publics ou privés des intéressés comme cela se pratique couramment lorsque sont embauchés les élèves de certaines grandes écoles qui ont souscrit, vis-à-vis de l'Etat, une obligation minimum de service.

Par ailleurs, les systèmes de formation alternée ne devraient pas être imputés sur les crédits de formation pour leur durée réelle, mais pour une durée théorique réduite, tenant compte de l'activité effective des jeunes travailleurs engagés dans ces processus particuliers.

Le nouveau congé-formation multiplierait, dans un cadre très souple, les possibilités d'organiser des formations alternant acquisition de connaissance théorique et pratique professionnelle. L'expérience de la formation continue révèle d'ailleurs que la reprise d'études à temps plein après quelques années d'activité est souvent beaucoup plus efficace et valorisante pour les individus que la poursuite du même cursus sans immersion intermédiaire dans la vie active. Cependant, pour que le congé-formation puisse, dans cette perspective, avoir sa pleine efficacité, il conviendrait que la plupart des programmes d'éducation et de formation professionnelle soient divisibles en unités de valeur[2]. Un système personnalisé d'évaluation de connaissances permettrait de dispenser éventuellement les bénéficiaires du congé-formation, de la préparation des unités de valeur qu'ils auraient, en fait, déjà acquises par une démarche autodidacte appuyée sur leur vie professionnelle et sociale.

Le congé-formation semble enfin bien adapté aux modifications qui devraient intervenir dans les profils de carrière de beaucoup de nos concitoyens. Dire que, dans les prochaines décennies, le travailleur-type sera, comme le chat, doté de neuf vie — professionnelles — est une boutade réaliste. Les révolutions technologiques obligeront entreprises et individus à considérer comme essentielle la fonction changement; c'est, entre autres moyens, par le congé-formation que les individus assumeront ce changement comme une contrainte enrichissante. Les mentalités évolueront; ce que nous appelons aujourd'hui « chômage » sera de moins en moins vécu comme une épreuve d'exclusion sociale et deviendra simple interruption survenant plusieurs fois dans le cours d'une vie active normale. Ces interruptions créeront souvent l'opportunité d'employer au mieux les droits à congé-formation dans des projets liés au développement.

Il ne faut pas sous-estimer les difficultés que soulèverait l'application d'une telle réforme simple dans son principe. Les plus graves se situeraient sans doute au niveau des employeurs privés ou publics qui devraient s'organiser pour pouvoir supporter l'absence simultanée, en congé-formation, d'effectifs nettement supérieurs à ceux que prévoit la réglementation actuelle. En outre, et à supposer que, globalement, le volume d'heures-formation dispensées annuellement varie peu, l'augmentation de la demande issue du congé-formation étant compensée par la réduction de la durée moyenne des formations, il est probable que le coût de rémunération des stagiaires en congé-formation serait sensiblement plus élevé que les économies réalisées du fait de la réduction des bourses et allocations scolaires diverses.

Pourtant, l'hypothèse proposée reste probablement la seule qui permette d'envisager, moyennant un surcroît de dépenses supportables, l'extension du congé-formation à la mesure du souhaitable. Quel que soit le système retenu, la banalisation du congé-formation n'est concevable que si elle est compensée par une réduction presque équivalente des charges de l'enseignement initial.

Il ne serait pas raisonnable d'espérer cumuler les « avantages » d'une éducation initiale souvent excessivement longue avec la quasi-généralisation de longs congés-formation en cours d'activité. Pour l'Education, devenir permanente, cela n'est pas multiplier par deux ou trois ses vacations et le temps pendant lequel elle mobilise les individus, ou plutôt, devrait être mobilisée par eux. C'est s'organiser pour distribuer autrement, et tout au long de la vie des citoyens, un volume global d'heures enseignement qui ne pourra augmenter que modérément. Une telle solution pourrait apparaître d'autant plus opportune dans les années qui viennent qu'elle faciliterait le remplacement des publics scolaires qui vont décroître du fait de l'évolution démographique, par des publics adultes en congé-formation.

NOTES

[1] L'essentiel de ce chapitre a fait l'objet d'une publication dans *Le Journal Rhône-Alpes* du 19-12-79, sous le titre «Hypothèse sur une réforme profonde de l'Education et de la Formation Professionnelle par le congé-formation».

[2] Le diplôme délivré peut correspondre à des séquences d'unités de valeurs diversifiées. La formation étant délivrée ainsi à la carte et non plus au menu s'adapte et surtout peut s'adapter plus tard à des situations multiples par intégration de nouvelles unités de valeurs.

Chapitre VII
La décentralisation contractuelle

Les expériences rapportées au début de cet ouvrage restent exceptionnelles en ce que l'originalité, l'autonomie de la formation permanente n'y transparaissent qu'instinctivement et inconsciemment.

Ce caractère exceptionnel tient aussi à ce que les expériences d'authentique formation continuée se réalisent hors des programmes de l'Education. Or, celle-ci détient, dans notre pays, en personnel et matériel la majeure partie des moyens de formation et beaucoup de Français ignorent qu'il existe d'autres filières de formation relativement importantes. Dans la perspective d'un développement souhaitable de la formation continuée, la première conséquence de cette concentration de moyens au niveau de l'Education est qu'un essor conséquent de la formation continuée reste inconcevable sauf, précisément, utilisation massive des moyens précités.

Faudra-t-il une révolution pour atteindre cet objectif? On pourrait le craindre à première vue tant notre époque semble dominée par l'éducation initiale, caractérisée par l'inégale répartition des chances au début de la vie et le développement de réflexes d'assistés. L'état des structures et des idées dans l'administration de l'Education elle-même peut sembler tel que, là aussi, à moins d'une révolution, l'essor de la formation continuée se heurte à des obstacles insurmontables. Je me suis déjà efforcé de décrire l'impasse dans laquelle me semblaient être les structures éducatives de ce pays par leur prise en charge contre nature d'objectifs de formation professionnelle. Il en est résulté jusqu'ici, du fait de la lourdeur de l'ensemble, la mise en place de filières professionnelles incapables de s'adapter aux contraintes de l'économie très diverses dans le temps et l'espace, cet échec s'accompagnant d'une dégradation dramatique de la qualité des enseignements généraux [1]. Enfin, bien des spécialistes pensent que la formation continuée requiert des formateurs n'ayant que peu de traits communs avec les maîtres et les professeurs de l'enseignement initial. D'après eux aussi, pour doter les seconds, figés dans leurs habitudes scholastiques, des qualités requises des premiers c'est bien une révolution qu'il faudrait.

A l'opposé, de simples gestionnaires défendent la nécessité de confier à l'Education des responsabilités croissantes en formation d'adultes. Leur argument est simple: en France notamment, les effectifs de l'enseignement secondaire puis supérieur sont appelés à décroître dans les prochaines années, après ceux de l'enseignement maternel et élémentaire, et il serait irrationnel de recruter des personnels supplémentaires pour la formation permanente alors que des disponibilités apparaîtront au niveau des personnels relevant de l'Education.

Sans renier rien de ce que j'ai écrit sur la sclérose des structures et des procédures de l'Education dans notre pays, je me range au dernier avis, pensant que la formation continuée peut se développer sans révolution ou, si l'on préfère, que pour l'essentiel la révolution est en cours. A l'argument fondé sur l'incapacité des maîtres et professeurs de l'enseignement initial à assumer des missions de formation continuée, on peut opposer que la formation continuée postule elle-même que les hommes sont doués, souvent sans le savoir, de capacités de changement très étendues. Bon nombre des expériences décrites comme les fourriers de la formation continuée authentique, ont été précisément conduites par des transfuges de l'enseignement initial.

Il en est ainsi des stages de formation-production mis en place par le Greta Sud-Isère en Rhône-Alpes (annexe I), des opérations liées à la création d'entreprises organisées par diverses académies et l'Institut d'Administration des Entreprises de Paris (annexe II) et parmi les programmes axés sur le développement d'une zone géographique ceux réalisés en Aquitaine, en Ardèche, dans les Alpes du Nord et dans la Loire (annexe III). Leur nombre et leur qualité permettent d'ores et déjà de penser qu'il ne s'agit pas de cas exceptionnels. Au reste, on peut s'étonner que les spécialistes qui ont cru discerner dans le profil requis par la formation continuée une incompatitibilité radicale avec la pratique antérieure de l'enseignement initial, aient pu poser cette spécificité des formateurs avant d'avoir identifié celle de la formation continuée.

Des difficultés existent et tous les « spécialistes » de la formation initiale ne sont pas aptes à travailler avec des adultes. Pour peu que leurs nouveaux élèves soient de par leur expérience d'un niveau culturel suffisant, ces formateurs échouent s'ils transposent simplement leurs habitudes scolaires. Plus grave, ils peuvent être inaptes à vivre un projet de formation-développement qui consiste à «apprendre» avec les stagiaires le milieu qui doit évoluer beaucoup plus qu'à organiser des transfusions de connaissances. En revanche, l'expérience prouve, et c'est à d'autres égards préoccupant, que les formateurs venus de l'école qui réussissent en formation continuée, ne veulent plus faire retour vers l'éducation initiale. Cette difficulté montre encore l'inadaptation de la formation initiale à notre univers. Des réformes telles que celles suggérées au chapitre V pourraient faire de l'éducation initiale et de la formation continuée deux phases complémentaires constituant la formation continue.

L'argument de l'imperméabilité structurelle du monde éducatif est également surmontable, du moins en France. Le présent chapitre est intitulé «Décentralisation contractuelle» précisément parce que la pratique du Fonds de la Formation Professionnelle qui est à l'origine de la plupart des expériences qualifiées ici de formation continuée authentique, consiste à passer des conventions avec des organismes publics et privés qui s'engagent, en contrepartie d'une subvention, à réaliser un stage ou un programme de formation.

Ces conventions, quand elles sont conclues avec des établissements de l'Education, des Universités, peuvent être autant de «Chevaux de Troie» par lesquels, sans en référer à leur Ministère, les établissements acceptent des missions qui peuvent être fort éloignées des objectifs et des pratiques habituelles de leurs grandes administrations.

La difficulté qui subsiste, c'est que par certaines directives ou pratiques ayant pour but de protéger les intérêts des personnels de l'Education, la décentralisation contractuelle rencontre des limites qui freinent l'affectation des moyens de l'Education au développement de la formation continuée. Ce sont parfois des garanties de rémunération minimale qui empêchent les équipes pédagogiques d'assumer la totale responsabilité des engagements qu'elles prennent ou qu'elles devraient prendre. Ce sont souvent des contraintes liées au statut des équipements de l'Education qui font que ces équipements ne peuvent être employés que pendant le temps scolaire, ce qui réduit d'autant la «permanence» de la formation qu'on souhaiterait y développer.

Ces obstacles ne paraissent pas insurmontables. Souvent, des équipes pédagogiques consentent à recevoir des rémunérations inférieures aux normes de l'Education pour mener à bien des projets auxquels chaque membre de l'équipe se sent personnellement attaché. Les ressortissants de l'Education impliqués dans la plupart des projets cités aux trois premiers chapitres, marchandent peu leur temps. Ceci est très net dans les projets liés à l'essor d'une zone géographique; la plupart des formateurs s'attachent passionnément, quelle que soit leur origine, à la réussite de ces expériences.

Il est plus difficile de permettre l'utilisation des très importants équipements hors du temps scolaire; ces équipements sont couverts, en général, par une assurance du type M.A.I.F.[2] qui les place sous la responsabilité des chefs de travaux. Schématiquement, la disponibilité de chaque équipement formation professionnelle de l'Education est égale à la disponibilité du ou des maîtres de travaux responsables de l'équipement. Ceci explique la neutralisation des locaux et des machines pendant la plupart des vacances scolaires et des jours fériés. Des solutions techniques pourraient être recherchées en liaison avec les systèmes d'assurance en cause afin que la formation continuée puisse se développer pendant tout le temps laissé libre par la formation initiale, les budgets de la formation continuée pouvant, en principe, assumer les dépenses d'assurance et d'entretien nécessaires. Les aménagements correspondants feraient l'objet de clauses particulières des conventions de formation professionnelle. Elles résulteraient donc bien de la décentralisation contractuelle.

Outre les difficultés liées au comportement acquis en formation initiale, à l'insuffisante motivation de certaines équipes pédagogiques et à l'emprise des formations premières sur les équipements, la recolonisation de l'Education par la formation permanente est fréquemment limitée par l'insuffisance numérique des personnels administrativement disponibles.

Cette insuffisance numérique est artificiellement entretenue par la rigidité du système. Elle apparaîtra de moins en moins soutenable à mesure que l'évolution démographique augmentera les disponibilités objectives de l'Education. Les procédures sont actuellement les suivantes : pour des raisons diverses déjà évoquées dans *L'Education malade de la Formation Professionnelle*, l'Education intervient en formation d'adultes beaucoup plus en heures supplémentaires assumées par des maîtres ou des professeurs avant un service complet en formation initiale, que sur des moyens en personnel affectés exclusivement à ladite formation d'adultes. Le système des postes gagés par lequel les services de l'Education ont théoriquement la possibilité de recruter des personnels contractuels à proportion des financements extérieurs qui leur sont garantis — conventions passées avec le Fonds de la Formation Professionnelle ou avec les entreprises notamment — ne fonctionne qu'avec parcimonie. L'administration répugne à recruter des agents qui deviennent rapidement des contractuels permanents sur des ressources dont le renouvellement n'est pas assuré. Ce scrupule est vraisemblablement renforcé par la pression qu'exerce une partie au moins des fonctionnaires de l'Education qui réalisent en heures supplémentaires une grande partie des prestations au titre desquelles un emploi plus important de postes gagés pourrait être créé.

La décentralisation contractuelle pourrait, dans cette hypothèse encore, offrir une solution si les organismes intéressés acceptaient de créer une association qui deviendrait structure permanente d'emploi pour les formateurs dont le recrutement serait rendu nécessaire par l'importance des missions formation permanente à remplir. Une telle association, de compétence régionale, aurait la charge de définir annuellement le programme de travail de chacun des formateurs qu'elle aurait recrutés, en considération des besoins déclarés par chacun des organismes membres, en fonction des conventions dont ils seraient titulaires. Chaque organisme rétrocéderait à l'Association les moyens financiers permettant la rémunération des formateurs et la couverture des charges de structures. La formule association régionale serait plus souple que celle des postes gagés de l'Education puisqu'elle intéresserait les promoteurs d'une même zone géographique, la possibilité restant ouverte de diviser le champ d'intervention de ladite Association en sections plus petites correspondant aux rayons de mobilité des formateurs résidant sur chaque agglomération principale. Cette plus grande souplesse résulterait du fait que pourraient adhérer à l'Association tous les organismes de formation des zones considérées, ce qui élargirait d'autant les possibilités d'emploi des formateurs en cause.

La décentralisation contractuelle a d'ailleurs déjà permis, hypothèse presque invraisemblable il y a quelques années, de réunir sur un même programme de formation plusieurs formateurs indifféremment publics et privés. La convention à passer avec la Préfecture de Région incite à de telles solutions. C'est ainsi qu'ont été constituées l'A.C.O.F.R.E.L. (Association pour la Coordination des Formations pour le Rédéploiement Economique de la Loire) qui doit réaliser le programme de formation cité au chapitre VI, l'A.C.F.E.R.D. (Association pour la Coordination des Formations en Espace Rural Dévitalisé).

En outre, sans qu'il y ait toujours création d'une structure particulière, des opérations dites «concertées» ont été réalisées en Rhône-Alpes à partir d'une convention qui, bien que passée avec un seul promoteur indifféremment public ou privé, concerne en fait plusieurs organismes formateurs acceptant d'être représentés par le titulaire de la convention.

Il s'agit par exemple, à Lyon, de l'Institut de Gestion Sociale, des Facultés Catholiques, de l'Institut Pithiot et de l'I.S.E.L.P.[3], à Chambery, du Greta, de la Mission d'Education Permanente, de l'Institut de Formation Rhône-Alpes, de S.V.P. Formation et de l'Association Savoisienne de Productivité.

Cette pratique contractuelle a permis d'expérimenter des opérations originales[4] dans lesquelles les promoteurs offrent d'abord une période d'accueil, d'information et d'orientation aux stagiaires, aident ceux qui sont principalement intéressés à trouver rapidement un emploi, à rechercher un placement ou, à défaut, un stage pratique en entreprise ou un contrat emploi-formation et proposent aux autres, sur le crédit d'heures-stagiaires restant disponible, des formations de moyenne durée. Il apparaît que les ressources éducatives ainsi mises en commun ont, même pour des publics parfois en cours de marginalisation, une efficacité bien plus grande que l'offre dispersée de ces mêmes ressources éducatives.

La décentralisation contractuelle apparaît donc comme le moyen juridique de surmonter la concentration de l'Education en impliquant des administrations relevant de cette vaste structure dans des projets de formation continuée dont les finalités et les méthodes sont de plus en plus définies en fonction des impératifs locaux et régionaux.

En décentralisant l'Education par des conventions à objet précis, la formation continuée renforce parfois l'efficacité des contrats de pays ou contrats de ville moyenne, autres procédures de décentralisation contractuelle. Cette rencontre est effective dans les projets Aquitaine, Ardèche, Alpes du Nord et Loire, décrits à l'annexe III. On en arrive alors au schéma suivant: l'Etat ou l'Etablissement Public Régional prennent l'engagement de financer des équipements utiles à l'essor socio-économique d'une petite ville ou d'un pays, ensemble de communes parties au «contrat». Fréquemment, le contenu du contrat, imprécis, intéresse peu les habitants qu'il concerne. Des cycles de formation, sensibilisation, programmation, peuvent alors être organisés dans le cadre d'une convention qui, si elle est passée avec des établissements de l'Education, «décentralise» ceux-ci pour qu'ils contribuent à la réussite d'un autre projet décentralisé, le contrat d'équipements liés au développement. Cette réussite n'est acquise que dans la mesure où ladite formation prépare les habitants à la gestion responsable des équipements qui seront réalisés, résultat décentralisateur par excellence...

Le Préfet de Région, autorité investie de pouvoirs «déconcentrés»[5] de l'Etat, devenait avant la loi Deferre «l'agent provocateur» de décentralisations cumulatives.

Cette procédure qui tranchait peut-être la querelle des Jacobins et des Girondins, créait des mécanismes organiques permettant de régler sans délai et au plan local les difficultés rencontrées. Dans un monde où la complexité croît, il est de première nécessité que le tissu social réagisse comme un tissu vivant. Il n'y avait pas lieu de craindre que l'Etat, partenaire déterminant de ces conventions qui décentralisent, les vide quelque jour de leur réalité: en poursuivant une politique de décentralisation contractuelle, l'Etat ne répondait pas à un choix idéologique, mais à une contrainte fonctionnelle. Secouer l'anesthésie des tutelles assistantes, rendre aux échelons locaux initiative et responsabilité pour qu'ils inventent de nouvelles activités apparaissait déjà comme une obligation de salut public.

Une nouvelle planification se cherchait dans cette voie. En liaison avec les représentants des agents économiques concernés, elle définissait pour chaque zone les opportunités de développement les plus probables. Divers types de contrats — dont des conventions de formation — allaient permettre aux responsables locaux de préciser progressivement objectifs et moyens, et de mettre en œuvre les politiques correspondantes.

Grâce à ces antécédents, la décentralisation décidée par le gouvernement socialiste devrait se réaliser facilement dans le domaine de la formation continuée. Reste à savoir qui sera dépositaire des financements servant à réaliser ces formations. S'agissant de crédits de fonctionnement, il apparaît souhaitable qu'une partie des moyens financiers correspondants soient encore gérés par une autorité déconcentrée qui reprendrait le rôle de «provocateur à la décentralisation» joué auparavant par certains Préfets.

NOTES

[1] Cf. *L'Education malade de la Formation Professionnelle.*
[2] Mutuelle Accident des Instituteurs de France.
[3] Institut Supérieur d'Etudes Littéraires et Professionnelles.
[4] Organisées dans le cadre du Pacte National pour l'Emploi des Jeunes.
[5] Il y a déconcentration lorsque des responsabilités sont confiées à un agent de l'Etat exerçant ses compétences dans un cadre géographique restreint — région, département ou commune —, et décentralisation lorsque les pouvoirs sont remis à une représentation élue des habitants de la circonscription.

Chapitre VIII
Pour une géographie active de la formation

La géographie de la formation existe dans le vocabulaire administratif. Pour le Ministère de l'Education, la carte des formations traduit les démarches au terme desquelles les implantations d'équipements et les modifications importantes de leur utilisation sont définies à l'issue de concertations réunissant différentes parties intéressées. Les décisions concernant les équipements d'enseignements général sont, pour l'essentiel, prises à partir de ratios démographiques. Les équipements spécialisés de l'enseignement technique sont implantés ou révisés à partir de considérations moins précises et de négociations complexes dans lesquelles interviennent représentants des secteurs économiques, élus et notables locaux, après consultation de l'Etablissement Public Régional.

Identifiée comme la fonction majeure des développements, la formation continuée est incompatible avec une telle programmation. Les exemples ayant permis de caractériser cette fonction — opérations ponctuelles de formation-production, stages liés à la création d'entreprises ou programmes intéressant toute une zone géographique — transfèrent aux formés les responsabilités. Ces opérations réussissent pour l'essentiel, selon leur aptitude à réaliser ce qui est à la fois prise de conscience, prise de pouvoir et action.

L'exigence de décentralisation déjà reconnue pour la formation professionnelle qui doit être constamment adaptable, surgit plus fondamentale encore quand il s'agit de formation continuée. Si l'insuffisante décentralisation de la formation professionnelle est cause de très graves dysfonctionnements, la formation continuée authentique, quant à elle, est décentralisée ou n'est pas. Cette contrainte oblige à inventer pour la formation continuée d'autres procédures de programmation. Les données recueillies afin de définir et de suivre une politique créative en cette matière doivent exprimer des réalités propres à des zones restreintes caractérisées, donc des réalités géographiques. L'idéal serait d'observer les bassins d'emplois[1]. Ce n'est pas encore possible en France, les informations indispensables en matière de démographie, d'activité, d'emploi et de formation n'étant pas toutes disponibles sur le découpage « bassins d'emplois » que l'I.N.S.E.E. (Institut National de la Statistique et des Etudes Economiques) met au point.

De ce fait, une expérience est tentée dans la région Rhône-Alpes en retenant un découpage calqué sur celui des zones de compétence des Agences Locales de l'Emploi (A.L.E.) qui permet les rapprochements statistiques souhaités. Cette solution est provisoire, la méthodologie expérimentée avec les zones A.L.E. devant être transposée sur les bassins d'emploi dès que les recueils des données indispensables interviendront dans ce cadre. Les huit départements de la région Rhône-Alpes[2] sont ainsi divisés en trente-trois zones d'observation. Après plusieurs années de recherches, une base de données informatiques va être constituée[3].

Toutes les parties intéressées par cette programmation, membres des instances régionales de la formation professionnelle ou des assemblées de l'Etablissement Public Régional, mais aussi décideurs locaux, promoteurs et groupes de stagiaires, recevront pour l'ensemble des zones ou celles qui les intéressent un dossier faisant apparaître, en situation et en évolution:
- la population active répartie par métiers;
- les principales branches d'activités dans la zone en précisant la ventilation des métiers dans chacune d'elles. Ceci sera complété par des indicateurs sur la «santé» des diverses branches;
- le chômage au niveau des métiers recensés avec ses caractéristiques démographiques;
- capacité et flux de sortie des systèmes de formation en rapport avec les métiers présentés;
- métiers connexes aux métiers observés dans la zone et formations y conduisant.

Des familles professionnelles ont été définies pour éviter d'avoir à rapprocher de manière linéaire métiers et formations (une formation débouche couramment sur des métiers ayant entre eux des relations de cousinage); un même métier peut être exercé par des personnes ayant reçu des formations apparentées. Chaque «famille» est un «espace de mobilité professionnelle» exprimant une double réalité statistique: il existe une forte probabilité pour que les travailleurs exerçant un métier de la «famille» aient suivi une formation de la famille et vice versa. La définition des famiiles s'est avérée ardue: il a fallu constituer des agrégats permettant de rapprocher de manière significative après regroupements des données exprimées dans des nomenclatures différentes (emplois, métiers, formations), pour ne citer que les principales. La documentation saisie dans le programme permettant de fournir aux interlocuteurs de la délégation régionale à la formation professionnelle, le dossier « rapports par zone A.L.E. ou bassin d'emploi entre formations et activités » produira sur demandes d'autres documents rapprochant activités, emploi et formation selon des critères ou des définitions géographiques différents. En outre, chaque dossier de zone sera, préalablement à sa diffusion, discuté au niveau départemental, le rapport d'interprétation correspondant n'étant publié qu'après concertation avec les responsables locaux intéressés. Tous travaux de regroupement ou de conjugaison des données de base pourront être effectués directement à partir du terminal de l'ordinateur.

Ce projet intitulé « Base de données ressources humaines » mis au point comme une condition nécessaire à l'essor de la formation continuée aura d'autres utilisations, notamment pour programmer les équipements de formation initiale et aider à la définition de politiques volontaristes de développement.

Toute conversion, toute installation d'activités nouvelles est facilitée par la connaissance précise des capacités actuelles des principaux stocks de demandeurs d'emploi et des éléments sortant des filières de formation les plus importantes. Exactement perçu, l'appareil de formation pourra être réorienté vers les nouvelles opportunités de développement retenues. En ce qui concerne la formation continuée, la base de données ressources humaines permettra de formuler un diagnostic sur la santé économique et sociale de chaque zone et son évolution spontanée probable.

Suivant les propositions de Maurice Allefresde, responsable du Centre d'Etudes et de Formations Rurales Appliquées, qui a conduit le projet « Ardèche » (cf. annexes II et III), les zones pourront alors être classées du point de vue de la formation en trois catégories.

La première regroupera celles qui sont parfaitement intégrées au développement ambiant. Sous réserve des propositions faites au chapitre suivant, dans la partie « Formations à une consommation culturelle », ces zones réclament surtout des formations de renouvellement du type formation professionnelle des adultes ou adaptation de programmes de formation initiale. Il conviendrait aussi que l'appareil de formation évolue aussi vite que l'appareil de production, et même le devance. Dans ces zones, la formation continuée exercerait sa fonction de préparation à l'innovation responsable en organisant par des stages appropriés, le passage entre les inventions technologiques en gestation et l'appareil productif.

Le projet « Loire » (cf. annexe III) fait, dans cette perspective, figure de pionnier. Pour ne retenir que deux exemples, la Chambre de Commerce de Roanne a, dans le cadre de l'A.C.O.F.R.E.L.[4], monté dès 1980 deux stages de formation-production orientés vers la conception, la production et la commercialisation :

- d'un « appareil d'analyse chimique automatique et multifonctionnel » destiné aux analyses médicales ;
- d'une matière plastique nouvelle, la « géopolymite », résine minérale aux multiples applications.

La seconde série de zones concernera celles où l'activité fléchit nettement, mais où la dégradation économique n'a pas encore de conséquences démographiques graves, dépeuplement par l'exode et vieillissement. Dans ces zones, l'effort principal portera sur les formations continuées à la consolidation d'activités existantes et à la création d'activités nouvelles. Ici encore, le projet Loire est démonstratif. Outre les stages liés à la création d'entreprises artisanales et de P.M.E., des opérations[5] liées à l'organisation rationnelle de la sous-traitance et la création de sociétés de services à l'exportation auront un effet démultiplicateur estimé à plusieurs centaines d'emplois, rapatriés sur la Loire dans le premier cas, induits dans le second par les développements d'activités attendus de l'entrée de P.M.E. sur le marché international.

Enfin, dans les zones[6] où la dégradation de l'activité affecte profondément la situation démographique, la formation continuée aidera les groupes résidents à concevoir un ou plusieurs projets de développement fondés sur la polyactivité et l'organisation de circuits courts. Le seul fait de participer à la discussion d'un projet est déjà, pour des personnes parfois désespérées, acte d'intiative.

Les illustrations seront maintenant cherchées dans le projet « Ardèche » (cf. annexe III) où des stages de formation-production ont, par exemple, débouché sur :
- une coopérative fabriquant et commercialisant des fromages de chèvres fermiers ;
- un atelier fabriquant des ruches ;
- une biscuiterie produisant selon une technique traditionnelle des biscuits de farine de châtaignes, projet qui pourrait contribuer à la remise en exploitation de la châtaigneraie ardéchoise car il permettrait d'acheter les fruits aux producteurs à un prix supérieur aux tarifs actuels.

D'autres stages préparant à la polyactivité sont intervenus, parmi lesquels :
- accueil des enfants à la ferme ;
- aide à domicile pour les personnes âgées ;

- monitorat de ski de fond et offre de services d'accompagnateurs de randonnée ;
- organisation de gîtes et campings ruraux, de fermes-auberges.

Cette liste reste incomplète. Beaucoup d'exemples d'investissements-formations aussi imaginatifs pourraient être cités à partir du projet Ardèche ou de programmes similaires.

Dans tous les cas évoqués à l'instant, la décentralisation totale exigée par la formation continuée découle de la pédagogie formation-production. La région intervient en concertation avec les partenaires sociaux et les administrations concernées pour définir les secteurs sur lesquels des programmes de formation liés au développement doivent intervenir et les modalités du financement[7] de ces programmes. Ce sont ensuite animateurs et stagiaires — ces derniers demandeurs d'emploi ou ruraux victimes de sous-emploi — qui constituent les groupes de recherche diagnostic chargés de formuler et de réaliser le projet dans ses aspects liés de formation et de production expérimentale.

La problématique de cette programmation souple de la formation continuée est révolutionnaire. Elle va gagner du terrain sa logique contaminant programmation de l'enseignement technique, de l'A.F.P.A. et plans de formation des entreprises. Pour ces dernières, les changements indispensables devraient être rendus plus faciles par une réforme de la taxe d'apprentissage et de la contribution obligatoire des entreprises à la formation continue. Dans le but de combattre les centralisations privées, la loi devrait conférer aux comités d'établissement un pouvoir plus grand dans l'affectation des sommes dues au titre de la formation professionnelle. L'exercice concerté de ce pouvoir réduirait l'énorme « prime » accordée par le système actuel à la région parisienne qui profite mécaniquement du fait qu'une multitude de sièges d'entreprises y gèrent les contributions d'établissements disséminés sur toute la France. Il n'en va autrement que pour les établissements dont le chef a reçu délégation de préparer et réaliser le plan de formation des salariés qu'il emploie. Conférer aux comités d'établissement un pouvoir de contestation des décisions des sièges renforcerait la définition de programme de formation de bassin d'emploi dans la mesure où les établissements préféreraient souvent adhérer au programme de leur bassin plutôt qu'au plan formulé par une direction technocratique. Leurs suffrages iraient aux propositions les plus claires.

A la constitution de dossiers de décision destinés, la plupart du temps, à des centres extérieurs aux zones considérées [8] et bénéficiant au mieux d'actualisations périodiques, va se substituer une documentation qui devient à la fois support pédagogique et banque de données actives à enrichir pour les habitants en formation qui, plus ou moins délégataires du reste de la population, vont opérer comme agents du changement et du développement. De mieux en mieux connu, dans une approche à la fois analytique et synthétique, le milieu devient le principal formateur et, dans le même mouvement qui préserve ses équilibres et ses évolutions naturelles, il est lui-même modifié d'être de mieux en mieux connu. La géographie de la formation continuée devient bien la plus humaine des géographies, illustrant que la fin de l'activité n'est pas la production mais la mise en harmonie de l'homme et du milieu.

Par rapport à cette proposition, idée reçue pour les uns, vérité éternelle pour les autres, notre époque apporte un élément à la fois infime et considérable : la prise de conscience que l'homme peut désormais aménager, orienter, rendre plus créatives les relations qu'il établit avec ses semblables et l'environnement. Le recensement des moyens par lesquels il peut ainsi améliorer consciemment sa condition, serait une des définitions acceptables de la formation continuée.

NOTES

[1] On appelle généralement bassin d'emplois, l'espace dans lelquel se réalise un pourcentage élevé (90 %) des migrations journalières de travail. Les contraintes de déplacement des moins mobiles des demandeurs de formation étant comparables à celles des salariés, le bassin d'emploi serait logiquement la plus petite unité géographique d'observation des relations formation-activités. Cette approche est compatible avec la constitution d'unités d'observations plus grandes quand les caractéristiques de la formation ou la nature du public imposent de travailler sur des « bassins de formation » formés de plusieurs bassins d'emplois. A la limite, pour certaines formations, l'équilibre avec l'activité se réalise au plan national ou même international.

[2] Ain, Ardèche, Drome, Isère, Loire, Rhône, Savoie, Haute-Savoie.

[3] Par la société Icare (Informatique Communale Rhône-Alpes), filiale de la Caisse des Dépôts et Consignations, sous le contrôle de l'I.N.S.E.E. et avec le concours des administrations intéressées (Direction Régionale du Travail et de l'Emploi, Service de l'A.N.P.E., Rectorats, etc.) à partir des études que la Délégation Régionale à la Formation Professionnelle a confiées à Chantal Finotto et Michel Pivert, études poursuivies par Suzanne Faure.

[4] Association de Coordination des Formations pour le Redéploiement Economique de la Loire.

[5] Réalisées dans le cadre de l'A.C.O.F.R.E.L. par le Centre Interprofessionnel de la Loire (C.I.P.L.).

[6] Comme toute classification, la distinction entre trois types de zones est partiellement arbitraire. De ce fait, des interventions caractéristiques de la première peuvent être observées sur la seconde ou la troisième, et vice versa.

[7] Pour l'Ardèche, la Loire et l'A.C.F.E.R.D., le concours du Fonds Social Européen a été déterminant. Le F.S.E., un des fonds d'intervention des Communautés Européennes intervient, à parité avec les Etats membres, pour la réalisation de projets liés au développement ou à la reconversion de l'emploi.

[8] Il restera à approfondir les notions de solidarité inter-zones. L'exploitation de la base de données «ressources humaines» devrait aider à comprendre en quoi le dépérissement de certains secteurs géographiques est contagieux pour les voisins, ainsi que les conséquences de la colonisation mécanique d'une zone géographique par une autre.

TROISIEME PARTIE

PERSPECTIVES A MOYEN ET LONG TERME DE LA FORMATION CONTINUEE

L'éducation initiale atteint sa dimension souhaitable — ensemble des jeunes citoyens — au terme d'une évolution séculaire. Elle éclate alors comme une exigence politique devant réaliser l'unité culturelle du pays, enraciner la démocratie et adapter les générations à l'âge technologique.

Mais l'Education est dépassée par les mouvements qu'elle a permis. Placée sous le signe de la synthèse — celle de la communication qui cimente les groupes humains et celle de l'intelligence du milieu, source d'initiatives — la formation continuée permet de vivre les brusques et profonds changements de l'ère moderne. Cette nouvelle fonction peut créer les conditions de la décentralisation requise par la complexité des Etats de notre temps. La géographie de la formation devient, par définition, géographie humaine, réalisant une décentralisation qui ne sera pas repliement sur soi.

Communication permanente, la formation continuée inventerait à partir de nouveaux biens, de nouveaux échanges. Mais il n'y a de culture que géographiquement enracinée et d'échanges que culturels. Après avoir investi beaucoup dans l'éducation initiale, les pays développés abordent l'époque de la formation continuée. Celle-ci peut être une renaissance consciente face à la crise marquée par la désorganisation des échanges entre économies qui tendent à l'uniformité.

Chapitre IX
Formation continuée et essor des commerces économiques et culturels

Gaston Pineau de la Faculté Permanente de Montréal a récemment publié, au Québec, *L'Education Permanente ou le combat aux frontières des organisations* [1]. D'après lui, l'éducation permanente a pour fonction majeure de fournir aux individus et surtout aux groupements, information et méthodes de traitement leur permettant de résister à l'emprise des structures, voire d'en triompher. Cette théorie me paraît contestable en ce qu'elle oppose les « organisations » considérées comme des entités humaines centralisées à l'intérieur desquelles s'exerce une technocratie nécessairement prédatrice, aux systèmes, ensembles respirant au rythme de l'environnement économique et social. La réalité est moins manichéenne. Aucune organisation, même centralisée, ne peut durer sans une adaptation continue à son environnement. A contrario, les systèmes s'ordonnent fréquemment par référence à un seul pôle.

La théorie de Gaston Pineau n'en reste pas moins intéressante en montrant l'aspect « révolution permanente » de la formation continuée. Les formations initiales ignorent cet aspect puisqu'elles ont traditionnellement pour objectif de transférer d'une génération à l'autre les valeurs fondamentales des sociétés qui les organisent. Pour appuyer sa thèse, Gaston Pineau se réfère à des expériences québécoises où l'éducation permanente a aidé des groupes associatifs ou coopératifs à résister au pouvoir de l'administration ou de certains groupes de pression.

La plupart de ces expériences et en particulier celles évoquées à l'annexe III, développent un débat pédagogique productif autour de biens essentiels consommés par le groupe en cause. Les groupes ainsi animés ont des « productions » très diverses allant du livre de recettes diététiques et économiques à la Compagnie de transports urbains pour handicapés physiques de Sherbrooke, la clinique et la pharmacie populaires du quartier de la Pointe Saint-Charles de Montréal. Les résultats obtenus par ces projets spécialisés dans un secteur de consommation sont en termes de création d'activités, moins spectaculaires que ceux des programmes à objectif d'aménagement du territoire. Par contre, des actions aussi approfondies de formation des consommateurs aident à imaginer quels rôles pourrait jouer la formation continuée pour harmoniser les échanges humains.

Notre époque semble marquée par le lent et sûr développement du pouvoir consommateur — septembre 1980 restera le mois historique de la bataille européenne du veau aux hormones — mais ce progrès s'accompagne d'une aussi inexorable régression du droit au travail. Autrement dit, la collectivité va peut-être conquérir les moyens d'exiger meilleure qualité et prix modérés au moment où la capacité de consommer diminue globalement par le fait du chômage. La question se pose alors de savoir si, par-delà les actions des consommateurs québécois allant jusqu'à assumer la production, il ne faut pas protéger, par la formation continuée du producteur-consommateur, les objets ou prestations riches du travail qualifié ou culturel que leur fabrication a exigé. Cette protection aurait pour premier résultat d'en élargir le marché et donc d'en réduire le prix. Bien que par hypothèse une telle initiative doive émaner de mouvements de consommateurs, elle serait odieuse aux purs tenants du libéralisme et promise par eux à un échec ridicule par référence à d'autres tentatives analogues avortées du genre « achetez français ». C'est précisément pour prévenir un tel échec qu'une campagne de ce type n'est envisageable qu'appuyée sur un programme de formation approprié. Des groupes de producteurs-consommateurs pourraient après une formation convenable[2] rechercher dans quelles conditions la fourniture des produits « culturels » reste la meilleure solution, coûts directs et indirects[3] et satisfaction du client étant seuls considérés.

La démarche envisagée ne serait guère plus qu'une systématisation de celle qui a éliminé le veau aux hormones, fabrication « industrielle » remplacée par une production « artisanale ». Cette dernière est plus chère mais représente globalement davantage d'emplois, prévient des dépenses de santé et respecte la gastronomie. L'axiome mécaniste de J.B. Say: « les produits et les services s'échangent contre les produits et les services » est à compléter par une maxime: « le travail culturel doit chercher à s'échanger contre le travail culturel ». Le pouvoir consommateur pourrait non seulement garantir le meilleur rapport qualité/prix, mais également préserver la part affectée au travail intelligent et créatif dans le produit intérieur. Chacun apprendrait que sa consommation, en devenant créative, peut susciter ou sauvegarder son travail créatif. Quant aux détracteurs de telles pratiques, il n'est pas inutile de rappeler qu'ils se recruteraient dans des catégories elles-mêmes consommatrices de produits à haute intensité culturelle — bijoux, œuvres d'art, meubles anciens. En même temps qu'elle disqualifie le travail manuel, notre société se prend d'un intérêt morbide pour les fabrications des artisans d'autrefois. Que cette évolution ait favorisé la transformation de ces biens en valeurs refuges à l'abri de l'inflation facilite la compréhension du phénomène. Toutefois, puisque dans les nations développées les progrès techniques dégagent au-delà de la satisfaction des besoins vitaux une importante capacité de travail, il n'est pas insensé de souhaiter que cette capacité s'emploie à créer joyeusement des biens qui, vulgarisés, généraliseraient un plaisir esthétique jusqu'ici réservé aux «élites».

Nous observons tous les jours sans le voir des marchés où joue un protectionnisme culturel comparable. Les fromages artisanaux français résistent biens aux contrefaçons industrielles. Il reste à obtenir que les fromages fermiers devenant accessibles à toutes les bourses chassent définitivement les compactages de lait en poudre. Est de la même veine la tendance des stagiaires des actions de formation collective (A.F.C., cf. annexe III, section I) à choisir des formations leur permettant de réaliser pour leur entourage et pour eux-mêmes des prestations — coupe-couture, mécanique auto, électricité d'intérieur... — au travers desquelles ils donnent droit de cité à leur esprit créatif. Ils réalisent en eux-mêmes la synthèse du producteur-consommateur intelligent.

A une échelle beaucoup plus vaste, les pays qui conservent des habitudes de consommation non calquées sur les stéréotypes occidentaux, préservent un secteur des échanges qualifié parfois de traditionnel qui représente un volume d'activités et par conséquent d'emplois, très important. C'est vrai des pays dits sous-développés mais le modèle vaut aussi partiellement pour le Japon. Ceci explique que les économies des pays sous-développés soient impossibles à décrire avec les indicateurs créés par et pour les économies développées. L'autarcie villageoise, les circuits courts ou traditionnels, marchés sur lesquels les transactions s'équilibrent à des prix très bas, voient leur importance sous-estimée dans les calculs classiques des produits intérieurs et de revenus per capita. Les ratios ainsi obtenus traduisent davantage la faible intégration des systèmes de ce pays à l'économie mondiale que leur sous-développement objectif[4]. Ils expriment aussi, pour une large part, l'efficacité de leur protectionnisme culturel. Il est peu contestable qu'un pays où 90 % de la population tire sa subsistance des circuits traditionnels, où le principal emprunt à la technologie moderne reste la bicyclette, sera moins vulnérable à la crise de l'énergie qu'une nation en voie de développement dans laquelle 50 % des habitants sont, pour un revenu nominal beaucoup plus élevé, dépendants d'une monoculture de rente et du capital motorisé que cette monoculture leur a permis d'acquérir.

La coexistence ancienne des secteurs traditionnels et modernes dans les économies sous-développées évoque la croissance du secteur secondaire de l'emploi observée dans tous les pays riches. Le souci des entreprises structurées d'alléger leurs charges sociales en réduisant leurs effectifs au strict minimum, le désir de beaucoup d'individus de maîtriser leur engagement dans la vie active en acceptant des rémunérations moindres et l'instabilité de l'emploi, le développement du travail noir lié à la réduction du temps de travail officiel, autant de phénomènes que rencontre la formation continuée. Certains résultats du projet « Ardèche » (cf. annexe III), création de circuits courts pour valoriser les productions locales, notamment lait de chèvre, chataignes et petits fruits, développement de multiples activités saisonnières liées au tourisme — ski de fond, randonnées accompagnées, accueil des enfants à la ferme, auberges-gîtes et campings ruraux — valorisent le secteur secondaire de l'emploi.

A partir de ces éléments, il apparaît possible de structurer efficacement ce secteur secondaire par des politiques de formation continuée aidant individus et groupes à gérer dans un même effort leurs intérêts indissociables de producteurs et de consommateurs. La formation continuée témoignerait une fois encore dans cette démarche de sa vocation synthétique. Cette pratique vulgariserait la production de biens culturels — travail traditionnel de la laine, peinture sur soie, émaux, poterie, fromage, gastronomie, musique (association suscitée par le projet Loire), habitat traditionnel, fêtes (projet C.R.A.B.E. en Wallonie: cf. annexe III), échanges citadins-ruraux et plus généralement convivialité, sports de la nature, énergies propres (tous projets), etc... Elle rétablirait certainement de nouvelles «modes» régionales, notamment vestimentaires.

Pouvant concerner plusieurs pays — les exemples cités en annexes montrent les multiples enracinements de la formation continuée authentique — ces politiques affecteraient les échanges internationaux permettant à ceux-ci de concerner une masse croissante de produits «culturels». Etendues aux pays en voie de développement, elles aideraient à rétablir en leur faveur les termes de l'échange. Les plus défavorisés d'entre eux ont des cultures originales qui s'expriment en multiples produits. Ceux-ci réévalués — c'est affaire de formation — par une meilleure connaissance des réalités qu'ils traduisent pourraient servir de contrepartie aux aides que requiert leur état en matière d'alimentation, de santé et d'éducation, ces interventions se situant aussi au plan des échanges culturels.

Il est possible d'esquisser comment les techniques déjà expérimentées de formation continuée pourraient concerner les échanges internationaux entre pays développés aussi bien qu'avec les nations du Tiers Monde. En s'inspirant des formations-productions orientées vers la fonction exportation, il devrait être possible d'organiser des stages concernant des publics de deux ou trois nationalités[5], les intéressés ayant pour objectif de susciter une ou plusieurs sociétés de services chargées de rechercher et d'aider, dans chacun des pays concernés, les petites et moyennes entreprises intéressées par des échanges unilatéraux ou bilatéraux avec les pays en cause. Les sociétés de services ainsi créées aideraient à la mise en place des services après vente permettant la commercialisation des produits des entreprises correspondantes, membres du réseau. Des démarches analogues seraient étendues aux pays du Tiers Monde. Des jeunes, étudiants ou demandeurs d'emploi, trouveraient dans cette recherche d'échanges économiques et culturels, poursuivie de concert avec leurs homologues des pays riches et pauvres concernés, les justifications morales à défaut desquelles beaucoup récusent nos sociétés. Cette nouvelle coopération — égalitaire et donc différente des système existants fondés sur le lucre ou l'esprit missionnaire — serait peut-être une des première répliques efficaces apportées aux sous-développements, celui des autres et celui qui nous guette.

La formation continuée authentique telle qu'elle est ici identifiée, libératrice, synthétique et inventive, diversifie les échanges humains. Elle harmonise aussi les relations homme - milieu naturel, aidant à faire de ces relations un échange enrichissant. Toutes les actions expérimentales évoquées en annexes illustrent cet élargissement de la formation continuée à l'approche responsable du milieu. Des plus simples — stages ponctuels de formation-production — au plus complexes — programmes de formation axés sur le développement d'une zone géographique — il y a toujours cette confrontation essentielle du formé avec l'environnement qui lui pose problème. Vis-à-vis de cet environnement, le formateur n'est pas dans une situation très différente. A certains égards le formé peut avoir une meilleure connaissance du milieu que le formateur. La formation devient alors un processus triangulaire dans lequel points de vue du formé et du formateur s'épaulent en réalisant des expériences dont certaines peuvent, à la limite, faire évoluer la réponse du milieu. La formation continuée, participation active à l'évolution ambiante, est mise en pratique du vieil axiome d'après lequel on ne commande à la nature qu'en lui obéissant. Elle devient fonction écologique caractérisée par sa capacité à assumer la révolution culturelle plus ou moins tranquille que nous vivons, à savoir le souci de plus en plus vif chez nos concitoyens d'établir avec leur milieu naturel ou social, des échanges comparables à ceux qui font, d'un ensemble de cellules, un tissu vivant.

NOTES

[1] Editions Sciences et Culture, Inc. 8011 Est Jarry, Anjou, Montréal, Qué. Canada H1J 1H6

[2] Celle-ci les amènerait à produire après expérimentation le matériel d'enquêtes.

[3] Le chômage en est un.

⁴ Cela ne signifie pas qu'ils sont suffisamment développés. Il est vrai que leur population ne bénéficie pas du minimum souhaitable en biens essentiels, nourriture, santé, éducation. Mais l'économie mondiale n'est pas actuellement organisée pour les aider à produire ces biens essentiels.

⁵ Une opération organisée par le Lycée Brossolette à Lyon, avec le concours du Fonds Social Européen et de la Région, se développe en relation avec des établissements allemands et italiens. Les rotations des stagiaires des trois nationalités entre les promoteurs contribuent à leur formation de cadres moyens import-export.

Conclusion
Le changement : une pédagogie

Le drame de la société moderne, c'est de confronter l'immobilisme des structures aux changements scientifiques et technologiques toujours plus rapides.

Cette contradiction a été maintes fois traitée, notamment par J.K. Galbraith qui, dans un ouvrage célèbre [1], montre que la survivance à notre époque des mentalités de pénurie héritées du XIXe siècle, engendre les multiples dysfonctionnements de l'ère de l'opulence. Quels que soient les gains de productivité réalisés grâce au progrès technologique, les sociétés vivant en économie libérale fondent leurs attitudes fondamentales de production et de consommation sur le postulat malthusien de pénurie. En particulier, toute plus-value réalisée est présumée provisoire et doit être réinvestie en priorité dans le secteur des biens marchands soumis à la régulation du marché.

Les biens qui, par leur nature ou statut juridique, relèvent du secteur public et sont donc exclus du marché, se trouvent du même coup disqualifiés. S'il faut recourir à l'impôt pour financer éducation et formation, programmes sociaux, enlèvement des ordures ménagères ou subventions à des théâtres, il est de bon ton de réduire en deçà du strict minimum les moyens qui sont consacrés à ces démarches parasites. Le tableau que dresse J.K. Galbraith des interventions publiques dans les Etats-Unis des années soixante, pourrait donner à l'Europe des complexes de supériorité. Toutefois, si les groupes de pression constitués par les producteurs de certains biens publics équilibrent, en France notamment, la tendance naturelle du libéralisme pur et dur à marginaliser ces biens publics, il reste que notre système économique dégage des moyens énormes pour imposer la consommation d'une lessive et à peu près rien pour suggérer des habitudes alimentaires saines ou rappeler les vertus des humanités classiques. Que pèsent les crédits consacrés à la propagande anti-alcoolique contre les budgets publicitaires de toutes les marques de vins et spiritueux ?

L'écart entre valeur économique et valeur sociale s'élargit. Le prolongement au XXe siècle de comportements économiques puisant leur raison d'être dans l'idéologie du début du siècle précédent agit comme une névrose collective et les énormes gaspillages consentis pour produire des inutilités rentables n'ont peut-être pas d'autres fonctions que de créer une pénurie artificielle sur les biens d'utilité publique indiscutable. La crise, comme certains cancers, pourrait être psychosomatique. Les nations nanties pâtissent de la multiplication des mécanismes de domestication en livrant leurs citoyens aux contraintes de la consommation forcée de biens souvent inutiles. En même temps, les habitants du Tiers ou du Quart Monde subissent, de plus en plus nombreuses, les conséquences prédatrices du progrès technologique lourd, tout en étant maintenus dans l'asservissement, faute de pouvoir satisfaire les besoins élémentaires de la vie.

Les pays du Tiers Monde pris dans la spirale de l'économie de marché voient leur société traditionnelle exploser en deux segments inégaux. Une classe dont l'effectif est grossièrement proportionnel à l'importance des matières premières ou produits semi-finis que peut livrer la nation en cause, capte la totalité des rentes correspondantes. Dans les cas limites — certains pays producteurs de pétrole — toute la population ou presque bénéficie de cette «promotion sociale» qui ne va pas sans graves perturbations culturelles. Plus souvent, une minorité seulement accède aux délices de la société de consommation en même temps qu'au pouvoir. Certains le font parfois avec tant d'enthousiasme que rançonner leurs concitoyens leur apparaît conforme à la logique du système. Les exemples de «Pères Ubu» promus chefs d'Etat pour la commodité des affaires internationales ne se comptent plus: que le libéralisme soit un piètre exportateur de liberté est maintenant vérité statistique. Parallèlement, les nations nanties laissent se développer en elles-mêmes les poches de chômage ou de sous-emploi endémique qui hébergent une sous-société, reflets encore atténués des insuffisances du Tiers Monde.

Confronté à de nouvelles difficultés historiques, l'homme a toujours inventé des solutions avec ou sans leçon catastrophique préalable. La formation continuée intervient quelques décennies après que les pays ont développé et légalisé l'obligation scolaire pour toutes les populations enfantines. A partir de réussites encore fragmentaires mais profondes, elle apparaît comme la fonction inventée par les sociétés développées pour mieux maîtriser le changement.

Il ne s'agit pas de remettre les citoyens à l'école, mais d'offrir à chacun la possibilité d'acquérir à peu près en toute circonstance, les moyens d'un comportement responsable permettant, au plan social et naturel, le maintien ou la reconstitution des systèmes homéostatiques nécessaires à la vie des ensembles complexes nés de la pression démographique et des révolutions technologiques. Le remède apparaîtra à beaucoup sans commune mesure avec le mal.

Si elles ont été observées dans divers pays, les expériences à partir desquelles la formation continuée est identifiée comme fonction spécifique n'en sont pas moins des balbutiements. Ce n'est que trop vrai mais un phénomène social gagne en efficacité quand ses finalités sont claires. La formation des adultes mobilise des moyens considérables. Une fraction croissante d'entre eux pourrait passer, des projets d'éducation initiale infligée à des adultes qu'ils irriguent actuellement, à des programmes de formation continuée. La Renaissance fut une révolution culturelle rendant aux vivants l'interprétation et l'expression du monde assujetties pendant des siècles aux modèles anciens. En cette période, l'appétit d'apprendre fut immense et le moindre atelier devint lieu de formation-production. Le maître laissait à ses élèves le soin de créer les personnages secondaires à la périphérie du tableau... Nous vivons une époque marquée à la fois par les mutations fréquentes que le société internationale impose aux groupes qui la constitue et le progrès des sciences humaines. Parmi celles-ci, la sociologie, l'histoire, la psychologie collective ne sont des disciplines pratiques que de manière épisodique. La gravité des contraintes que nous subissons impose d'utiliser la formation continuée comme la méthode d'application des sciences humaines. Les animateurs d'expériences de formation-production sont des praticiens des sciences humaines [2].

Formation continuée au sens de cet ouvrage et formation professionnelle ont finalement des dynamiques rigoureusement inverses. La formation professionnelle conditionne l'individu formé aux productions qu'il réalisera. Cet assujettissement de l'homme au produit est de la même nature que le mécanisme déjà plusieurs fois évoqué ici par lequel la publicité subjugue le consommateur. Par la formation continuée, le travail devient consciemment conjugaison créative de la connaissance et du pouvoir. En se développant selon cette dialectique, la formation continuée remet en cause tous les autres processus de formation.

J'ai auparavant expliqué comment elle pouvait à la fois affronter l'Education initiale et être solidaire de celle-ci[3]. L'important est l'observation des rapports modificatifs que la fonction « formation continuée » doit, par nature, établir avec les phénomènes de production. Ceux-ci recèlent une charge pédagogique incommensurable, et réalisent, à trois points de vue, une formation continue sauvage qu'il faut apprivoiser. Les exigences de la production moulent[4] la personnalité professionnelle des producteurs, conditionnent[4] la culture des consommateurs et modèlent leur environnement naturel.

La formation continuée classera les biens en fonction de l'homme, créature de ses créations ou, à défaut, de ses fabrications. Les produits et les services échangés nous constituent. Ils doivent être jugés non pas en eux-mêmes, mais pour ce qu'ils font de nous.

NOTES

[1] *L'Ere de l'Opulence*, Calmann Levy Edit.
[2] Parfois sans le savoir, comme Monsieur Jourdain faisait de la prose.
[3] *L'Education Malade de la Formation Professionnelle*, cf. supra note 28.
[4] C'est «forment» qu'il faudrait écrire.

Annexe I
La formation-production
« élémentaire »

Les stages de formation-production exploitent la « charge » pédagogique que portent la plupart des activités.

Pour éviter d'être en concurrence directe avec les entreprises existantes, les promoteurs choisissent des biens ou des services absents du marché local, biens dont la production exige des compétences accessibles aux stagiaires prévus, au prix d'une formation courte ou moyenne. Le schéma pédagogique et le projet de production sont esquissés. Assez précis au début, ils devront ensuite évoluer avec la participation des stagiaires qui s'entraîneront ainsi à exercer une double responsabilité. Le déroulement, d'abord du seul processus de formation puis simultanément d'une formation de plus en plus personnalisée et de la production, permet de rectifier les fausses vocations, les stagiaires fourvoyés étant réorientés vers d'autres formations plus classiques ou l'emploi.

Observables dans divers pays, elles sont présentées par ordre de complexité croissante, selon qu'il s'agit de formations appuyées en tout ou partie sur des travaux temporaires en grandeur réelle, la réalisation d'études ou de missions complexes ou la fourniture de prestations permanentes.

Les stages pouvant être rattachés à l'une ou l'autre catégorie sont très nombreux. Ceux qui sont cités dans les paragraphes suivants ne constituent que des illustrations [1].

Formation-production liée à des travaux temporaires

● Training Workshops

Depuis plusieurs années, la Grande-Bretagne expérimente sous le nom « d'atelier de formation » (Training Workshops) une formule originale, notamment en raison de son extension puisqu'en 1979 on comptait plus de quatre-vingts établissements de ce type [2].

Toute organisation responsable, publique (à l'exception des services gouvernementaux) ou privée, y compris les entreprises, peuvent accueillir ce type d'atelier où initiation, formation, développement des aptitudes sociales durent de six à douze mois. Les stagiaires sont encouragés à poursuivre leurs recherches d'emploi pendant cette période. La Manpower Service Commission (Direction de la Main-d'œuvre) participe aux frais d'équipement et de fonctionnement occasionnés par ces opérations et verse une allocation hebdomadaire aux stagiaires qui ne sont donc pas des salariés. Des équipements anciennement mis en place pour l'enseignement technique initial sont souvent utilisés comme ateliers de formation. Les jeunes stagiaires — 16 à 19 ans — se familiarisent en produisant avec les diverses techniques et ambiances de travail et reçoivent les enseignements complémentaires utiles. L'atelier commercialise leurs productions très diverses aux pris du marché. Les revenus ainsi obtenus contribuent aux frais de fonctionnement du système et les jeunes gens et jeunes filles apprécient que l'utilité de leur travail soit ainsi reconnue. En outre, et surtout, ils ont la possibilité de se familiariser avec les diverses technologies représentées dans l'atelier, ce qui permet une orientation professionnelle plus avertie.

Par exemple, dans l'atelier de Raven à Corby huit sections peuvent accueillir chacune huit stagiaires menuiserie (tables de ping pong, établis), ciment (dalles, nains de jardin), couture (finition de jeans), dactylographie, travail des métaux (pare-feux, séchoirs, chevalets, aiguisage des couteaux); aucune discrimination n'existe entre les sexes. En termes de placement, les résultats sont bons (70 %). Le Raven Workshop est patronné par le Conseil de Comté, le Conseil de District de Corby et la société pour le développement de Corby.

- Nyt Arbedje

Dans son exposé précité[1], Roger Faist, Directeur du C.E.D.E.F.O.P., avait évoqué, outre le Training Workshops et les entreprises écoles allemandes qui seront décrites à la fin de cette annexe, diverses expériences belges, italiennes et danoises. Parmi ces dernières «Nyt Arbejde» (travail nouveau) organisé à Kolding au Danemark doit être cité après les ateliers de formation britanniques auxquels il ressemble.

D'après la fiche publiée par le C.E.D.E.F.O.P. pour le décrire (Formation Continue — Recueil d'Activités Innovatrices dans les pays de la C.E.E.), l'ensemble paraît beaucoup plus axé que les Training workshops sur le développement du sens des responsabilités individuelles et collectives :

« Le projet combine la création de postes de travail et la préparation professionnelle. Il consiste en:

- un élevage de poissons, utilisant l'eau chaude provenant d'une centrale électrique voisine;
- une entreprise d'horticulture maraîchère, en serre;
- une production d'aliments pour animaux, à partir de déchets alimentaires provenant des hôpitaux locaux;
- un élevage de porcs, qui consomment ces aliments.

Les jeunes peuvent travailler dans le projet pendant un an au plus.

Le projet est caractérisé par un système très flexible de formation. Cette formation vient directement de l'expérience d'organiser et d'exécuter le travail lui-même. Il y a donc une grande part d'autogestion. Si les jeunes demandent une formation dans un domaine déterminé, on tente de satisfaire à la requête. Les formateurs sont eux-mêmes des chômeurs; des aides techniques sont recherchées de l'extérieur pour la mise en œuvre du projet. Les stagiaires reçoivent une indemnité horaire de 30 couronnes danoises. La plupart des participants sont des jeunes filles de 18 à 25 ans ».

- Quelques expériences rhônalpines

Les chantiers bâtiment réalisés en 1979 dans la région Rhône-Alpes par l'Institut de Formation Rhône-Alpes (I.F.R.A.) à Villeurbanne, le Greta Sud-Isère[3] et Etudes et Chantiers peuvent être également rapprochés des ateliers de formation britanniques.

Toutefois, ces opérations renouvelées trois ans de suite — le Fonds de la Formation Professionnelle finançait dans le cadre du pacte pour l'emploi des jeunes (16 à 26 ans) frais de fonctionnement et rémunération des stagiaires — ne se sont pas pour autant transformées en ateliers institutionnalisés.

Dans le premier cas, étaient utilisés comme base pédagogique des travaux d'électricité, peinture bâtiment, réalisés pour le compte et en liaison avec les services techniques de la Municipalité de Villeurbanne.

Le Greta Sud-Isère avait choisi la réhabilitation d'un bâtiment destiné à servir de club de jeunes, et Etudes et Chantiers la participation à la rénovation du château historique de Montplaisant (Isère).

Ces essais établissent que les stagiaires participent plus activement aux projets dont la réalisation met en cause la responsabilité du groupe et des animateurs — construction ou rénovation d'un bâtiment.

Dans le cas d'Etudes et Chantiers, la formation a, en outre, pu être définie en sélectionnant les unités capitalisables [4] de certains C.A.P. bâtiment qui correspondaient aux travaux entrepris.

C'est enfin à la même famille d'expériences que doivent être rattachés : le projet mis en place en liaison avec la Municipalité de Roubaix sous le titre « Atelier de préformation bâtiment » par lequel les groupes de jeunes stagiaires ont pu être employés aux travaux de rénovation du quartier vétuste d'Alma-Gare, et l'opération réalisée à Grenoble par le Centre d'Etudes et de Formation du Sud-Est (C.E.F.S.E.) et l'Association Professionnelle Paritaire pour la Formation Continue dans les Industries du Bâtiment et des Travaux Publics de la Région Rhône-Alpes (A.R.E.F. B.T.P.) pour réhabiliter quarante logements H.L.M. anciens.

La réalisation d'études ou de missions complexes

● Une exposition : « La vie et la couleur »

La Fondation Scientifique de Lyon et du Sud-Est a fait réaliser, en 1979, dans le quartier neuf de la Part-Dieu, une exposition sur le thème « La vie et la couleur » dans le cadre d'un stage offert à de jeunes demandeurs d'emploi diplômés de l'enseignement supérieur.

Les intéressés ont reçu la formation théorique en gestion, économie générale, techniques audio-visuelles, organisation et programme, analyse et contrôle des coûts, leur permettant de surmonter la plupart des difficultés qu'ils allaient rencontrer pour préparer l'exposition.

Il leur a fallu, aussi, en liaison avec les mêmes animateurs, procéder à la répartition des tâches et avoir de nombreux contacts avec des personnalités des mondes industriel, scientifique et artistique concernés par l'exposition.

Le résultat de cette opération a été, outre une exposition réussie, le placement de 69 % des stagiaires.

Relèvent également de cette catégorie, les stages réalisés par l'Institut de Formation Rhône-Alpes (I.F.R.A.) de Chambéry, la C.E.G.O.S. à Nanterre et le Centre de Formation Agricole d'Anjou.

● Des formations-production répondant à des commandes de collectivités ou groupements locaux

Dans les deux premiers cas, les organismes de formation ont obtenu des municipalités qu'elles confient diverses missions d'études aux stagiaires, ceux-ci ayant à étudier des problèmes de circulation urbaine, de fléchage dans des bâtiments publics, d'information, d'utilisation d'équipements publics existants. Chacun recevait les compléments de formation théorique nécessaires à la réalisation des missions confiées au sous-groupe auquel il appartenait.

Le Centre de Formation Agricole d'Anjou qui reçoit les stagiaires d'un niveau universitaire, négocie avec diverses municipalités, organismes de développement rural ou associations agricoles des missions d'études ultérieurement confiées aux stagiaires et définies dans un « Contrat d'initiatives locales » (C.I.L.).

Ces missions sont très variées, allant de la préparation de dossiers techniques à la réalisation de travaux d'enquête et d'animation en passant par la prospection de marchés. Avant la réalisation des missions, les stagiaires reçoivent au Centre des enseignements sur la connaissance du monde rural. Ils effectuent aussi des travaux pratiques dirigés en liaison avec leur future mission. Cette partie du programme est donc personnalisée.

Dans toutes ces hypothèses, la participation responsable des stagiaires à l'organisation de la formation, a développé leur sens de l'initiative et facilité les placements grâce notamment aux contacts établis pour la réalisation des missions qui leur étaient confiées, réalisation qui doit être ajoutée à l'actif de ces expériences. Sur 96 personnes ayant suivi cette formation au 30 juin 1982, 67 avaient une situation, une vingtaine ne donnaient plus de nouvelles, 29 exerçaient des responsabilités d'animation en milieu rural.

Fourniture de prestations permanentes

Certains stages de formation-production permettent de prouver l'utilité de la fonction proposée ou développée à partir du stage qui devient ainsi créateur d'emplois permanents.

- Le précédent des « P.I.L. » canadiens

La réalisations des programmes d'initiatives locales canadiens (P.I.L.) a permis de déboucher sur de tels résultats.

Ces programmes conçus à l'origine pour compenser le chômage saisonnier très important dans ce pays, ont ouvert la possibilité de faire rémunérer sur financement fédéral, des projets de production de biens et de services ne concurrençant pas les entreprises de la zone considérée. Ils ont permis une gamme très étendue d'expérimentations[5] et certaines initiatives prises ainsi sur proposition de groupes de chômeurs, s'appuyant sur des municipalités ou des responsables locaux, ont abouti à la mise en place de structures définitives de production.

Il faut cependant noter que les programmes d'initiatives locales ont rarement comporté l'organisation d'un dispositif de formation augmentant les compétences de leurs bénéficiaires.

Ce n'est que parmi les exceptions ayant eu recours à la formation qu'il y a lieu de rechercher des exemples de formation-production.

- Une centrale de tourisme à Montréal

Parmi celles-ci, il convient de citer l'expérience de la centrale de tourisme de la rive sud de Montréal. Une filiale de la Chambre de Commerce a ainsi été créée, le programme comportant à la fois élaboration d'un guide à partir de l'inventaire du patrimoine touristique, création de kiosques d'information et formation des animateurs de ces kiosques[6].

En 1978, le projet « Canada au Travail » a remplacé les P.I.L. Canada au Travail est un programme d'attente pour ceux qui sont « temporairement inutilisés » par le secteur privé. Il n'associe pas formation et production et n'est cité ici que pour mémoire. Il ne semble pas qu'il puisse être souvent une illustration des vertus pédagogiques de la prise d'initiative observées maintes fois au travers des P.I.L., outils de développement communautaire victimes d'un rapport coût/efficacité estimé globalement insuffisant.

Des stages organisés par le Centre de Formation du Théâtre de Tournemire et l'Institut des Sciences Sociales Appliquées (I.S.S.A.) à Lyon montrent d'autres aspects possibles de la formation-production.

• Des animateurs dramatiques à Lyon

En premier lieu, il s'agissait d'expérimenter auprès des municipalités de la région lyonnaise la fonction d'animateur dramatique qui comporte organisation de diverses manifestations de quartier, mise en place de troupes d'amateurs et sensibilisation du public à des manifestations théâtrales organisées en liaison avec les municipalités concernées.

Dans le cadre d'un cycle de deux ans, alternant application et formation correspondante, le Centre devait convaincre les municipalités qui offraient aux stagiaires des terrains d'application, de l'intérêt de cette nouvelle fonction.

Plusieurs municipalités ainsi sensibilisées envisageaient d'utiliser un animateur à temps partiel. Il semble que les stagiaires se voulaient d'abord acteurs et animateurs accessoirement: le projet n'a eu que peu de suites...

● Des études de marchés

L'Institut des Sciences Sociales Appliquées a organisé, en 1979, un stage offert à des demandeurs d'emploi victimes de licenciement économique, les intéressés devant effectuer des missions d'études de marché à l'exportation, pour le compte de petites entreprises de la région lyonnaise.

Les intéressés recevaient parallèlement les compléments de formation théorique nécessaires à la réalisation de ces missions. Cette opération a bien réussi puisque 83 % des stagiaires ont trouvé une place, cinq d'entre eux ayant créé leur entreprise.

Les entreprises-écoles allemandes

Définies comme des « institutions de formation professionnelle initiale et continue à caractère pratique dans les professions commerciales »[7], les entreprises-écoles allemandes réalisent entre elles des opérations commerciales effectives.

Elles comportent de quinze à trente postes de travail, équipés comme dans la pratique, et fonctionnent de six à quarante heures par semaine. Une entreprise-marraine leur fournit souvent les données essentielles et leur permet d'offrir tout ou partie de la gamme de ses produits sur le marché des entreprises-écoles. Fin 1978, la fédération des entreprises-écoles a dû regrouper deux cents entreprises-écoles créées indifféremment par des offices de formation professionnelle, des entreprises privées, des syndicats, des écoles professionnelles d'Etat. Travaillant entre elles grâce à la fédération qui les réunit, les entreprises-écoles placées en situation d'entraide, d'émulation et de contrôle réciproque, sont contraintes à l'efficacité réaliste.

Malgré l'excellence de leurs résultats, les entreprises-écoles ne comportent pas les caractères distinctifs de la formation-production. Dans celle-ci, le stagiaire doit participer à la conception du processus créatif à partir duquel il se forme et produit en grandeur réelle.

Les entreprises-écoles allemandes qui concernent souvent des élèves en formation initiale-alternante (système dual) n'ont pas une telle ambition. Par hypothèse, elles sont à la production réelle ce que sont les manœuvres militaires, même grandes, aux véritables combats. Les thèmes sont fournis par d'authentiques guerriers, les véhicules et les armes sont vrais, mais les troupes tirent des cartouches à blanc.

NOTES

[1] Dans sa communication à un séminaire consacré aux formations-productions, Roger Faist, Directeur du Centre Européen pour le Développement de la Formation Professionnelle (C.E.D.E.F.O.P.) évoquait une quinzaine de situations européennes de formation-production. Au cours de ce séminaire, une dizaine de cas français furent examinés (séminaire Toulon).

[2] *Formation et Création d'Activités — Etudes sur trois Etats membres — France, Italie, Royaume-Uni*, Publication C.E.D.E.F.O.P., Bundesalle 22 - 1000 Berlin 15.

[3] Abréviation de «Groupement d'Etablissements de l'Education». Les établissements ainsi associés sont représentés par l'un d'entre eux.

[4] Le diplôme délivré peut correspondre à des séquences variables d'unités de valeur diversifiées. La formation étant délivrée ainsi à la carte et non plus au menu s'adapte — et surtout peut s'adapter ultérieurement par intégration de nouvelles unités de valeur — à des situations multiples.

[5] De 1971 à 1976, le nombre de projets approuvés a toujours été supérieur à 5 000 et le nombre d'emplois créés supérieur à 90 000, sauf en 1973-1974 et 1974-1975. En 1971-1972, le programme avait coûté 910 millions de francs et en 1975-1976, 750 millions de francs.

⁶ Dossier de l'Agence pour le Développement de l'Education Permanente (A.D.E.P.), Education Permanente et Développement Communautaire, II Québec.
⁷ C.E.D.E.F.O.P., 18-8-1978 AR (Al).

Annexe II
Autres formations-productions : les stages liés à la création d'entreprises

La crise élargit de plus en plus la gamme des candidats à la création d'entreprises. Aux victimes de licenciements économiques rencontrant de graves difficultés pour retrouver un emploi salarié surtout du fait de leur âge, s'ajoutent certains jeunes demandeurs d'emploi voulant réaliser leur insertion dans la vie active au travers de structures de production de type coopératif, moins discutables à leurs yeux que les entreprises capitalistes.

Parmi tous les créateurs potentiels, beaucoup se lanceront malgré des insuffisances graves dans divers domaines — gestion, connaissance du marché, technologie, contexte administratif et financier —, profil personnel peu compatible avec le métier de chef d'entreprise.

Des stages divers pour créateurs d'entreprises

En une période marqué par la récession, les politiques volontaristes de formation tendent naturellement à combler ces diverses lacunes.

Observés dans divers pays européens, les stages liés à la création d'entreprises concernent des artisans ou des dirigeants de P.M.E. en train de créer ou de développer leurs établissements, la formation est alors une procédure courte (150 heures au maximum) axée sur la gestion, l'objectif étant de réduire la mortalité infantile dont souffrent ces entreprises pendant deux ou trois ans.

Très nombreuses, ces formations concernant des chefs d'entreprises déjà installées, ne feront pas l'objet d'autres commentaires[1]. Il n'est pas question d'ignorer leur importance sociale et économique, d'autant que leur faible durée, partant leur coût minime, garantissent un taux d'efficacité élevé aux crédits qui leur sont consacrés. Toutefois, ces formations intervenant après la naissance des entreprises s'écartent du sujet traité: les formations liées à la création d'entreprises.

Par contre, les formations visant à:
- multiplier et améliorer les projets de création d'entreprises individuelles;
- constituer des unités de production à reprendre par des entreprises ou des groupes préexistants;
- favoriser la mise en place de structures coopératives

qui anticipent sur l'installation de nouveaux établissements sont présentées ci-après.

Cycles à dominante gestion

Il existe, en France, beaucoup de stages destinés à doter les futurs créateurs, souvent orientés vers l'artisanat, des capacités qui leur sont indispensables en matière de gestion.

Ainsi, le Centre de Promotion de l'Artisanat (C.E.P.R.A.R.)[8] qui relève de la Chambre des Métiers de la Sarthe prépare la reprise d'entreprises des métiers de l'alimentation ou de l'industrie par des fils d'artisans ou des compagnons qui préparent en même temps leur brevet professionnel.

Le Centre de Promotion Sociale de Pont Achard (Vendée), rattaché à la Fédération Nationale des Centres de Formation de l'Union des Maisons Familiales Rurales, développe en vingt-trois semaines une démarche apparentée comportant une phase d'application de huit semaines dans une entreprise artisanale de même type.

Dans les expériences observées en région Rhône-Alpes, l'accent est mis sur la personnalisation des formations. Les principaux stages sont organisés par le Centre d'Etudes et de Formation Industrielles (C.E.F.I.), le Centre d'Etudes et de Formation du Sud-Est (C.E.F.S.E.), l'Association de Formation d'Enseignement et de Conseil (A.F.E.C.), la Chambre de Commerce et d'Industrie de Chambéry et le Centre d'Etudes et de Formations Rurales Appliquées (C.E.F.R.A.). Ils durent de 600 à 1200 heures (C.E.F.R.A.).

Des formations personnalisées

Le groupe des stagiaires est toujours mis à contribution pour évaluer et critiquer l'évolution de chaque projet, celle-ci étant facilitée par la personnalisation des formations.

Il convient, en effet, de détecter les points faibles de chaque promoteur par rapport à ses ambitions. Des formations personnalisées permettent de combler les lacunes constatées, ces stages provoquant fréquemment la modification, voire l'abandon de certains projets mal venus, résultat qui doit également être porté à l'actif de la formation.

L'expérience A.F.E.C. a l'originalité de regrouper un public plus homogène puisque les stagiaires envisagent de s'installer comme hôteliers-restaurateurs. Cette unité permet à l'opération de fonctionner en formation-production dans un hôtel-restaurant offrant les prestations de stagiaires au prix du marché, pendant la morte saison. En outre l'homogénéité des projets permet d'envisager, à la fin de l'opération, la mise en place d'un groupement d'intérêt économique (G.I.E.) rassemblant tous les stagiaires qui le souhaiteront.

Les stages liés à la création d'entreprises, développés dans le seul département de l'Ardèche, couronnent un effort de sensibilisation et de formation aux alternatives du développement entrepris depuis 1977 évoqué plus largement dans l'annexe III.

- Un effort dans les zones plus déprimées telles que l'Ardèche

Les opérations directement liées à la création d'entreprises organisées par le C.E.F.R.A. sont de deux sortes. Les premières concernent des stagiaires presque exclusivement femmes. Les stagiaires, retenus à partir de leurs intentions déclarées de contribuer à l'essor de leur village par la création d'une activité productive, reçoivent dans le cadre du stage la possibilité d'approfondir leur projet et de le préciser; deux fois sur trois, les intéressés doivent recevoir une formation technologique assez longue avant de pouvoir réaliser ledit projet.

Les autres stages proposés par le C.E.F.R.A. sont comparables à ceux décrits précédemment à propos du C.E.F.I. ou du C.E.F.S.E., la seule différence étant que dans cette zone défavorisée, les candidats doivent être épaulés plus longtemps par la formation qui, de ce fait, dure 1 200 heures.

Les trois stages liés à la création d'entreprises en Ardèche ont regroupé cinquante stagiaires en 1979. Il n'y a eu aucun abandon. Dans tous les cas, les intéressés ont appris à analyser méthodiquement leurs marchés et à développer leurs aptitudes à la gestion notamment par des jeux de simulation et des études de cas. Périodiquement, les stagiaires rassemblés faisaient le bilan critique des projets en cours. Dans l'intervalle, ils réalisaient, hors des sessions théoriques des travaux individuels de mise au point de leurs projets. Cette phase comportait pour les stagiaires des formations les plus courtes (huit cents heures, publics essentiellement féminins) un apprentissage technique et pratique réalisé chez un artisan de la même catégorie.

A l'issue de ces expériences, un quart des stagiaires des formations de huit cents heures ont créé leur petite entreprise, un autre quart trouvant un travail salarié. Les autres ont différé leur installation souvent pour acquérir, par une prolongation de leur stage pratique, les éléments technologiques qui leur faisaient défaut. Sur les vingt stagiaires du stage de 1 200 heures, onze ont créé leur entreprise.

La Chambre des Métiers de Meurthe-et-Moselle, et le C.U.C.E.S. Universités développent depuis 1978 des démarches assez semblables à celles observées en région Rhône-Alpes, le suivi des anciens stagiaires y étant réalisé systématiquement.

Les expériences « formation de créateurs d'entreprises » de l'A.S.F.O. Béarn-Soule-Bigorre (Pau) et du Centre Régional de Productivité Midi-Pyrénées (Toulouse) appartiennent aussi à cette famille.

- I.A.E. de Paris

L'option « Création d'entreprise » de l'Institut d'Administration des Entreprises de Paris diffère sensiblement des modèles précédents.

Son enseignement modulaire (treize modules par cycle, un tronc commun et un module à option) débouche sur le certificat d'aptitude à l'administration des cadres d'entreprises. La création de l'entreprise est un des modules offerts.

Les stagiaires qui choisissent ce module soumettent dans un bref dossier leur proposition à un pré-jury. Si ce dossier est accepté, ils doivent élaborer leur projet pendant la durée de la scolarité. Au cours de celle-ci, ils sont à la fois parrainés par un industriel chargé de travaux à l'I.A.E. et conseillés par divers spécialistes. Le dossier achevé est soumis à un jury de banquiers et de professeurs.

Environ 30 % du public avaient dès l'origine l'intention de créer une entreprise, 70 % prennent cette option après inscription à l'I.A.E. dans une perspective de reconversion plus générale.

L'I.A.E. peut ainsi sélectionner les créations considérées comme exemplaires en raison de leur ampleur ou des difficultés qu'elles doivent rencontrer. Les meilleurs dossiers sont soumis aux banques populaires qui semblent prendre assez souvent la décision de les soutenir.

De 1975 à 1978, sur deux cents propositions, cinquante dossiers ont été retenus et dix-sept entreprises créées. Ce résultat peut sembler médiocre rapporté à ceux des autres stages (couramment 60 %). Il est dû au fait que l'I.A.E.

choisit précisément la difficulté en raison du niveau élevé de son public.

La création d'entreprises est un module qui doit enrichir l'ensemble de la démarche pédagogique à laquelle il est intégré.

Formations visant à constituer des unités de production à reprendre par des entreprises ou des groupes préexistants

Les Unités de Main-d'Œuvre Intégrées, Integrated Work Force Unit (I.W.F.)[3] du département des services de la main-d'œuvre « Department of Manpower Services » (D.M.S.) ont été mises en place pour lutter contre la crise qui sévit en Irlande du Nord, le taux de chômage atteignant 20 % dans certaines régions.

Des groupes de formation d'une douzaine d'hommes sont constitués pour amener rapidement les participants aussi près que possible du niveau requis des ouvriers de production. Les locaux et les équipements utilisés pour cette formation peuvent être acquis par les employeurs disposés à embaucher la main-d'œuvre de « l'Unité ».

Le Department of Manpower Services (D.M.S.) recherche avec la « Local Enterprise Development Unit » (L.E.D.U. - Unité de développement des entreprises locales) les entreprises susceptibles d'accueillir les Unités.

Les stagiaires qui perçoivent une indemnité de quarante-cinq livres par semaine bénéficient d'abord d'une formation de base puis d'une formation plus intense dans le cadre d'une activité de production.

Axées d'abord sur la mécanique fondamentale, les I.W.F. se sont adaptées à des hypothèses pratiques variées. Le tronc commun mécanique comporte tournage, fraisage, ajustage et soudure à l'arc. Des aménagements sont introduits en fonction des contraintes des entreprises prêtes à reprendre l'Unité.

Sur les quatorze I.W.F. existants en 1979, onze avaient été converties en unités de production créant deux cent soixante-dix emplois dans des régions parmi les plus défavorisées. Ce système, qui relève de la formation-production, motive beaucoup plus les stagiaires que les opérations classiques. En outre, il est peu contraignant: les intéressés peuvent quitter l'Unité en cours de stage s'ils trouvent un emploi. Ils sont remplacés nombre pour nombre.

Le D.M.S. étudiait, compte tenu de sa réussite, la possibilité de développer cette expérience unique en son genre. En même temps, des aménagements devant faciliter la reprise par le secteur industriel — constitution d'unités ne comptant que huit stagiaires par exemple — étaient prévus.

Les formations visant à favoriser la mise en place de structures coopératives

A de rares exceptions près, les responsables du mouvement coopératif en France se préoccupent peu de développer ou de multiplier leurs structures en recourant à des formations appropriées.

Un certain nombre de modules courts du genre « prêt à porter » sont offerts aux nouveaux coopérateurs. Ils ne sont pas décrits ici, n'ayant pas d'effet créatif.

- La Délégation Centre-Atlantique

Par contre, la Délégation régionale Centre-Atlantique

des Sociétés Coopératives de Production (S.C.O.P.) a organisé des formations contribuant à l'extension du réseau coopératif.

Sur une zone s'étendant de La Rochelle au Puy, et de Moulins à Bayonne (quinze départements) on dénombrait, en 1978, cinquante-cinq sociétés coopératives pour trois mille à quatre mille emplois. Une vingtaine de ces sociétés ont vu le jour en 1978 (trois cents emplois) pour prendre la suite d'entreprises classiques ayant déposé leur bilan. Les municipalités concernées ont également encouragé et aidé cette mutation.

La délégation régionale Centre-Ouest ajoute aux formations traditionnelle destinées à faire saisir, surtout aux nouveaux coopérateurs, la spécificité de la structure coopérative et les contraintes de gestion, des stages à la carte répondant aux besoins particuliers des nouveaux établissements qui construisent leurs plans de formation. Les thèmes qui ne sont pas spécifiques aux coopératives sont sous-traités à d'autres formateurs.

- L'expérience de la S.C.O.P. Avel Nevez
(Vent Nouveau en breton)

La société coopérative ouvrière de production Avel Nevez organisait, dans le cadre du Pacte pour l'Emploi, des formations offrant à des jeunes en risque de marginalisation, l'occasion de réaliser des projets d'installation au pays. La forme coopérative permettait de dessiner, à partir d'une activité productive, de nouvelles formes de gestion et de rapports sociaux.

Le stage lancé en novembre 1978 concernait vingt-six jeunes demandeurs d'emplois regroupés autour de six projets: un centre rural d'activités culturelles à Paimpol-

Tréguier, un atelier de tissage, poteries, animation musiclae, un atelier de fabrication de vêtements pour enfants, une ferme marine, une exploitation agricole, une base de loisirs nautiques et un atelier d'électronique marine.

Il avait pour objectif, comme beaucoup de formations liées à la création d'entreprises individuelles, de permettre le mûrissement de chaque projet et sa réalisation en fin de programme. Les techniques de groupe employées axées sur l'autoformation développaient, au plan individuel et collectif, le sens des responsabilités des stagiaires.

Techniques de base, rapports sociaux, connaissance générale, technologies particulières étaient traités par des moyens pédagogiques négociés entre chaque groupe-projet concerné et les animateurs.

C'est, en effet, le groupe qui par la formation doit produire, pour la fin du stage, les plans de financement, de développement et d'embauche, prévision du chiffre d'affaires et analyse des secteurs marchés.

Certains projets auront même commencé à fonctionner avant la fin du stage, ce qui situe incontestablement l'expérience Avel Nevez parmi les démarches de formation production.

- La coopérative d'abattage de Dôle

La société d'exploitation des Abattoirs de Dôle ayant déposé son bilan en mars 1979, la municipalité demanda au groupe C.E.S.I.-C.E.F.I.[4] d'examiner la possibilité de constituer avec les douzes « tueurs » salariés une coopérative ouvrière. Conduite en liaison avec les intéressés, l'étude devait conclure à la viabilité d'un projet comportant réévaluation des rémunérations.

Une formation de cent vingt heures aida à trouver les concours techniques nécessaires (services vétérinaires, avocats) et permit aux futurs coopérateurs d'acquérir les compléments de connaissance indispensables en matière de gestion et d'organisation.

- Formation et développement du mouvement coopératif en Italie

Né pendant la première moitié du XIXe siècle, le mouvement coopératif italien s'est surtout développé après la seconde guerre mondiale. Il est particulièrement actif dans le secteur agricole.

- Agriculture bio-dynamique

Deux programmes de formation ont concouru particulièrement à la croissance du mouvement, le premier orienté sur l'agriculture biodynamique en Campanie et le second sur le développement agro-touristique dans la zone de montagne de la Garfagnana[5].

Le projet concernant l'agriculture biodynamique concerne une quinzaine d'agglomérations de montagne à l'intérieur de la Campanie dans les zones de l'Orpinia et du Haut et Moyen Sele. Par des préformations et des formations théoriques et pratiques touchant toutes les couches de la population, les publics privilégiés étant les jeunes, les femmes et les agriculteurs, le projet débouche notamment sur la création de coopératives employant de jeunes chômeurs.

Sous l'égide de l'Union Nationale pour la Lutte contre l'Analphabétisme (U.N.L.A.), il est géré par les collectivités de montagne et les centres de formation et d'études du Mezzogiorno (F.O.R.M.E.Z.) et de la région Campanie.

- L'agro-tourisme

Le programme lancé par les collectivités des zones de montagne de la Garfagnana (Toscane) comporte la formation de soixante chômeurs qui suivent un tronc commun (agro-tourisme, coopération, techniques promotionnelles), un module comprenant les éléments technico-professionnels de base dans chaque spécialité retenue (réfection et entretien des fermes abandonnées, production agro-pastorale, personnel de services pour hôtels et restaurants).

NOTES

[1] En particulier, de nombreuses formations de ce type sont organisées en Grande-Bretagne, parmi lesquelles la Chambre de Commerce de Londres (Jetting Started in Business), du Hackney Boroug Council, de la Durham University Business School et du Local Enterprise Development Unit (L.E.D.U., Irlande du Nord). Cf. C.E.D.E.F.O.P., *Etude sur trois Etats membres — France, Italie, Royaume-Uni — Formation et Création d'Activités*, Brochure déjà citée. En France, des stages de cette catégorie sont organisés depuis longtemps par les Chambres de Métiers et les Chambres de Commerce. Avec la crise, ces initiatives se multiplient; citons notamment celle de la Fondation Nationale pour la Gestion des Entreprises (E.N.E.G.E) et les interventions de type promotion sociale organisées par plusieurs académies pour permettre aux salariés de s'installer à leur compte (académies d'Aix, Caen, Créteil, Grenoble, Lille, Paris, Reims). Cf. *Création d'activités, Création d'Emplois et Formation Continue*, A.D.E.P., brochure déjà citée.

[2] Cf. *Création d'Activités, Création d'Emplois et Formation Continue*, A.D.E.P., brochure déjà citée.

[3] Toutes les relations d'expériences qui suivent, sauf celle de Dôle, sont résumées de la publication C.E.D.E.F.O.P. «Formation et Création d'Activités», étude conduite en France, Italie, Royaume-Uni (C.E.D.E.F.O.P., Bundesallee 22-1000 Berlin 15).

[4] C.E.S.I., 21 bis rue des Plantes, 75014 Paris.

[5] Publication Centre Européen pour le Développement de la Formation Professionnelle, septembre 1979, «Formation Continue et Création d'Activités Nouvelles», page 20 IX/1366/79-FR. Origine Italie.

Annexe III
Troisième famille de formations-productions : celles liées à l'essor économique et social de certaines zones géographiques

La crise frappe certaines zones industrialisées touchées par la redistribution mondiale des activités. Elle rend plus dramatique le dépérissement démographique et économique de secteurs ruraux dans lesquels les activités agricoles, artisanales et industrielles se sont révélées incapables jusqu'à maintenant de retenir la population.

La formation est parfois choisie comme un des remèdes possible à ces situations, soit que des groupes d'habitants se constituent spontanément pour gérer des systèmes d'information et de formation qui leur paraissent conditionner l'évolution locale, soit que les pouvoirs publics intègrent la formation comme une des éléments de la politique d'aménagement du territoire appliquée à ces zones.

Avant d'examiner quelques-unes de ces expériences de formation-développement, il est utile d'évoquer les actions collectives de formation lancées en France à l'initiative de Bertrand Schwartz en faveur des personnes résidant sur les bassins miniers dont la fermeture progressive était décidée. Les programmes correspondants, en raison de leur importance, ont en effet été presque toujours cités comme référence dès qu'il était envisagé de lancer des opérations coordonnées de formation sur une zone géographique déterminée.

En raison du nombre et surtout de la complexité des programmes qui vont être évoqués, la présente annexe sera divisée en cinq sections :
- section I : les actions collectives de formation ;
- section II : les programmes de formations liées au développement proposés par des groupes résidents ;
- section III : les programmes de formation au développement liés à l'aménagement du territoire (zones rurales) ;
- section IV : les programmes de formation au développement liés à l'aménagement du territoire (zones industrielles) ;
- section V : comparaisons.

Section I : Les actions collectives de formation [1]

Elles sont nées en 1964 pour tenter de remédier à une partie des difficultés consécutives à la récession du bassin lorrain. Successivement huit programmes ont été lancés :
- en 1964 et 1968, respectivement dans le bassin ferrugineux de Briey et le bassin houiller de Merlebach (actions gérées par l'Association du Centre Universitaire de Coopération Economique et Sociale, A.C.U.C.E.S. de Nancy) ;
- en 1971, à Roubaix-Tourcoing (secteur textile) et à Sallaumines-Noyelles-Lens (bassin houiller du Pas-de-Calais) ;
- en 1971, à Mulhouse (Association pour le Développement de l'Industrialisation de la Région Alsace - A.D.I.R.A.) ;

- en 1977, à Domfront et à l'Aigle en Basse-Normandie (Association pour la formation des adultes ruraux - A.F.A.R.);
- en 1978, à Fougères (Association pour le Développement de la Promotion Sociale dans la région Bretagne - A.D.P.S.B.).

Avec Bertrand Schwartz, les promoteurs de ces opérations ont constaté le faible niveau culturel d'ensemble de la population (61 % des personnes de plus de seize ans avaient au maximum le C.E.P.) et la difficulté concomitante d'entraîner ces mêmes personnes vers des formations post-scolaires.

La possibilité d'intéresser les publics à des programmes qui leur seraient offerts non pas en tant qu'individus mais en tant que groupes, entités culturelles, a été formulée comme hypothèse de travail.

Décentralisation

Les actions collectives de formation sont organisées en impliquant, si possible, toutes les forces vives de la zone dans des comités ayant à définir, suivre ou faire évoluer les programmes. Elus locaux, représentants des pouvoirs publics, des organisations professionnelles, d'employeurs et de salariés ainsi que du secteur associatif, participent aux comités locaux. Les formations se déroulent au plus près des résidences des publics concernés en des lieux diversifiés, et sont fréquemment réalisées par des personnes appartenant aux groupes bénéficiaires. En principe, chaque demande de formation est satisfaite, les stages étant ouverts à tous, salariés ou non, que l'objectif corresponde à un programme scolaire assorti d'un diplôme ou relève du loisir éducatif.

Le contenu et les modalités d'organisation des programmes sont négociés avec les auditeurs pour tenir compte de leurs aspirations et de leurs contraintes. Leur mise en œuvre est précédée de campagnes d'informations et de sensibilisation mobilisant les media et les partenaires représentés dans le comité local.

Nouvelle pédagogie

L'action collective de formation offre aussi des stages rompant avec la pédagogie traditionnelle dans lesquels les petits groupes des formés, partenaires de l'organisme de formation s'organisent et définissent eux-mêmes leurs rythmes de progression et les modalités d'auto-évaluation.

Dans la perspective formation-production souvent évoquée dans les pages précédentes, le groupe des formés « produit » une progression pédagogique généralement organisée en cycles courts axés sur un centre d'intérêt, chaque cycle pouvant se suffire à lui-même. C'est d'ailleurs pour prolonger ces expériences que le Centre Universitaire de Coopération Economique et Sociale (C.U.C.E.S.) de Nancy a mis au point les C.A.P. par unités capitalisables [2] et obtenu du Ministère de l'Education l'autorisation de faire passer ce diplôme par contrôle continu des connaissances. L'expérience est maintenant étendue à plusieurs académies.

L'impact des actions collectives de formation peut être apprécié à partir des chiffres publiés sur celle de Sallaumine-Noyelles qui, de fin 1971 à début 1978, a accueilli près de six mille cinq cents personnes physiques pour dix-huit mille cinq cents inscriptions à des stages. Environ 52 % des participants sont des hommes et près de la moitié des stagiaires avaient moins de trente ans. Sur la période, ce sont 12 % des habitants de la zone qui auront ainsi au moins fait une démarche d'inscription.

Les demandes de formation reçues ont fait glisser le programme des objectifs professionnels initialement retenus vers des formations pratiques utilisables dans la vie courante : coupe-couture — près de 50 % des inscriptions féminines — mécanique auto, électricité domestique — 40 % des inscriptions masculines.

Ce glissement est le fait le plus significatif; il traduit le désir des intéressés d'acquérir un savoir-faire directement utilisable pour réaliser des économies et créer au bénéfice de l'entourage immédiat. Les travaux retenus sont également ceux qui constituent les centres d'intérêt sur lesquels les groupes se rassemblent facilement trouvant un motif supplémentaire pour suivre le stage dans les occasions de rencontre et d'échange ainsi suscitées. Les formations professionnelles sont donc choisies moins pour leurs débouchés en terme d'emploi que pour leurs applications dans la vie quotidienne.

L'objectif des A.C.F. peut être considéré comme atteint dans la mesure où elles attirent assez massivement vers les formations les publics de très faible niveau d'études en principe allergiques à tout ce qui peut rappeler l'école.

Rapport coût/efficacité

Que ces investissements considérables — en raison de leurs contraintes particulières, les actions collectives de formation sont financées par l'Etat sur des bases plus onéreuses que les cours de promotion sociale[3] homologues — débouchent fréquemment sur des formations sans lien avec les activités économiques des zones où résident les publics bénéficiaires pose problème. Michel Feutrie (cf. supra note 1) conclut, dans l'étude qu'il consacre aux actions collectives de formation : « mais la dynamique qu'elles (les actions collectives de formation) ont contribué et qu'elles contribuent encore à créer localement risque de s'enrayer du fait de la situation économique critique que connaissent la plupart des régions concernées par une A.C.F. Un développement collectif de la formation est inséparable d'une dynamique économique ».

Section II: Programmes de formations liées au développement, proposés par des groupes résidents

Ils sont à l'origine revendicatifs et tendent à renforcer le pouvoir des consommateurs, au sens large.

Les expériences témoins retenues ont été choisies en Belgique (le C.R.A.B.E. de Wallonie, Nivelles) et au Québec (le Centre Local de Développement de Sherbrooke, le projet de la Pointe Saint-Charles).

Le C.R.A.B.E.

L'est du Brabant wallon, 450 km², entouré de zones industrielles bien développées, ne progresse pas au contraire de l'ouest et du centre. Cette stagnation est imputée pour une part à l'insuffisance des communications. Malgré la fertilité des sols, les exploitations agricoles sont aussi en crise. La Coopérative de Recherche et d'Animation du Brabant de l'Est (C.R.A.B.E.)[4] donne à la population l'information la plus complète possible sur les problèmes en matière d'emploi, d'agriculture, de tourisme, de logement et d'enseignement notamment. Ces informations sont diffusées par un centre de documentation.

Le C.R.A.B.E. aide aussi à la formulation de projets réalistes, donnant les moyens aux administrés d'opposer, si besoin est, des contre-propositions aux programmes des services techniques. Il encourage la « fête » qui « développent les échanges et épanouit la vie sociale dans les villages », une très grande importance étant accordée aux maisons de jeunes troupes théâtrales.

Dans une première phase, des commissions ont étudié :
- la défense de l'école rurale;
- l'aménagement du territoire rural;
- la pédagogie de l'action socioculturelle en milieu rural.

Ces commissions — plusieurs avaient siégé sur chaque thème — se sont, dans une seconde phase, transformées en groupes plus restreints.

Les travaux ont abouti notamment à :
- la diffusion d'un manuel du défenseur de l'école rurale;
- la réalisation de dossiers sur le remembrement agricole et sur une route, la RN 249;
- la réalisation d'un stage de formation à l'animation socioculturelle en milieu rural puis d'un colloque sur le même thème.

Expériences québécoises

Au Québec, les programmes d'initiatives locales par lesquels les demandeurs d'emploi pouvaient, avec l'appui des collectivités territoriales, obtenir le financement sur crédits fédéraux de projets productifs, en principe temporaires, ne concurrençant pas l'initiative privée[5] ont révélé à beaucoup de citoyens qu'ils pouvaient infléchir leurs destinées collectives. Information et formation sont apparues comme les moyens principaux de ces actions de groupes auxquelles le Ministère de l'Education apporte parfois son concours financier.

Certaines universités, l'Université de l'Education Permanente de Montréal tout particulièrement, appuient de telles initiatives.

Leur aide ne doit pas, en principe, porter atteinte à l'autonomie de conception et de décision des groupes eux-mêmes. Parfois, comme dans le cas du Centre local de service communautaire de Sherbrooke, la totalité du programme est financée par le Ministère de la Santé. Les programmes C.S.L.C. de Sherbrooke et Quartier de la Pointe Saint-Charles (Montréal) seront résumés successivement[6].

Le Centre Local de Développement Communautaire de Sherbrooke

Les citoyens majoritaires au Conseil d'Administration définissent une politique elle-même élaborée à partir de multiples démarches d'information réciproques mettant en cause usagers et représentants élus. C'est d'ailleurs dans cette organisation systématique de la circulation de l'information et du débat que réside l'innovation majeure de la pratique québécoise. *Ces échanges constituent une nouvelle pédagogie.*

Le C.L.S.C. de Sherbrooke intervient principalement en faveur des handicapés et des jeunes. Avec les premiers, il a constitué un groupe de pression très conscient qui a obtenu:

- la création d'une nouvelle compagnie de transports gérant un matériel adapté à leurs besoins;
- l'organisation de lieux d'habitation évitant aux intéressés la ségrégation en hôpital ou foyer;
- la production d'une brochure recensant les lieux publics physiquement accessibles aux handicapés.

En suivant la même pratique, le C.L.S.C. de Sherbrooke aide les jeunes à développer le loisir de masse. Il a créé un café, «Virgule» que les intéressés financent et gèrent eux-mêmes, et mis en place une maison régionale de la jeunesse qui offre des services d'accueil, d'hébergement et de regroupement.

Le programme du Quartier de la Pointe Saint-Charles

C'est un vieux quartier, l'un des plus déshérités de Montréal. Il compte 25 000 habitants parmi lesquels beaucoup de familles nombreuses, de chômeurs, d'assistés sociaux anglophones (40 %) ou francophones (60 %).

La clinique

L'initiative vient d'étudiants anglophones. En 1968, des médecins anglophones commencent à recevoir gratuitement les malades avec quelques bénévoles. En 1970, la liaison établie avec les comités de citoyens permet l'institutionalisation sous forme de Centre local de service communautaire géré entièrement par les délégués des habitants, et recevant une aide importante de l'Etat.

La clinique occupe plus de soixante personnes recrutées pour leur compétence, leur expérience professionnelle et leur connaissance du quartier ainsi que leur adhésion aux principes désintéressés qui sont à l'origine du projet.

Celui-ci offre des services médicaux divers gratuits et réalise l'animation-formation de la population qui prend progressivement en charge ses responsabilités en matière de santé.

La pharmacie communautaire

Elle a été fondée en janvier 1973, à partir d'un « comité medicaments » lié à la clinique. Ce comité gère maintenant la pharmacie. Pour les usagers de la clinique bénéficiant de prescriptions, les médicaments sont gratuits. Pour les autres, ils sont moins chers, la marge bénéficiaire n'étant que de 20 % (au lieu de 40 %).

Toutefois, la pharmacie communautaire ne délivre ni les médicaments composés, ni ceux qui sont fondés sur une publicité. La pharmacie devient, comme la clinique, un lieu d'information, d'éducation et de dialogue pour les usagers (150 par jour).

Le Carrefour Pointe Saint-Charles

Clinique et pharmacie communautaires complètent un ensemble d'initiatives regroupées sous le vocable « Carrefour Pointe Saint-Charles » et réalisées avec des subventions du Ministère de l'Education.

Des cours portant sur des thèmes divers: mécanique, menuiserie, bricolage, soudure, alimentation, couture, atelier artisanal, adaptation sociale, publicité, ciné-club, artisanat, témoignent des implications sociales et économiques de cette catégorie d'actions culturelles: garderie, clinique juridique, coopératives alimentaires sont autant de structures productives s'ajoutant à la clinique et à la pharmacie.

Section III: Programmes de formation au développement liés à l'aménagement du territoire (zones rurales)

Parmi les expériences de ce type, concernant les zones rurales, le programme irlandais Muntir na Tire et, en France, les projets « Association pour la Promotion de l'Artisanat dans le Massif Central » (A.P.A.M.A.C.), Aquitaine, Formation des ruraux en Ardèche et Alpes du Nord, ont été retenus.

Irlande, Muntir na Tire (organisation nationale pour le développement communautaire)

Ce projet[7] réalisé avec le concours du Fonds Social Européen, comporte plusieurs opérations qui doivent aider les communautés locales à améliorer leur niveau de vie en réalisant divers programmes d'assistance liés au développement communautaire.

Le programme comprend la formation d'environ deux cents animateurs volontaires de communautés locales affiliés aux programmes de développement.

Les intéressés reçoivent une formation théorique de trois mois et travaillent pendant trois mois sur le terrain. Ils doivent être en mesure de tirer parti des ressources économiques existantes, institutionnelles ou résultant d'initiatives individuelles ou collectives pour créer et exploiter des conditions socioculturelles plus favorables à la création d'emplois.

Dans cette perspective, on peut citer :

- un projet de drainage et de défrichage de 60 000 ares de terrain concernant quarante-deux paysans, dont la productivité sera accrue. En même temps, le groupe acquiert une meilleure cohésion, gage d'une plus grande efficacité ;

- un projet de développement de région marécageuse par création de lacs artificiels et réserves d'oiseaux. Le développement communautaire résultant de cette initiative est créateur d'emplois. Il réduit aussi le sous-emploi de populations rurales, beaucoup des habitants pouvant tirer parti d'un programme d'auto-assistance qui développe le potentiel touristique de la région par une action qui reconstitue faune et environnement.

L'Association pour la Promotion de l'Artisanat dans le Massif Central (A.P.A.M.A.C.)

Le Massif Central est depuis longtemps en crise économique et démographique. Toutefois, les artisans y demeurent nombreux.

L'A.P.A.M.A.C. est financée par ses membres, l'Etat, divers établissements publics, des collectivités locales et des fonds communautaires (Fonds Social Européen et Fonds de Rétablissement Européen).

Elle rassemble des élus locaux qui ont constitué, dès 1976, sept commissions dont une intitulée Information-Formation. Ces commissions définissent un programme d'action qui démarra en 1977.

Fin 1978, avaient été ainsi organisés une cinquantaine de stages ayant pour objectif la sensibilisation d'artisans. En même temps, plus de soixante assistants ou techniciens de ces groupements suivaient des cycles de perfectionnement. Les centres de gestion de onze départements du Massif Central qui regroupent 3 200 adhérents à la gestion, artisans et épouses d'artisans, interviennent dans ce cadre. Dans le prolongement de ces formations, onze départements ont constitué des coopératives du bâtiment unissant les artisans afin qu'ils participent plus efficacement aux programmes de construction et de rénovation de l'habitat.

Parallèlement, les artisans aux métiers d'art d'Auvergne adoptent une politique commerciale commune. Cette initiative concerne sept cents artisans d'art inscrits au répertoire des métiers et mille cinq cents personnes pour lesquelles un tel artisanat est une activité d'appoint. Les chiffres d'affaires progressent de 20 % par an depuis 1976.

Le projet « Aquitaine » [8]

L'Etablissement Public Régional de la région Aquitaine encourage depuis 1976 le maintien et le développement de la population des villes moyennes et des pays par des contrats permettant à ces agglomérations ou pays de financer les équipements et les études qui peuvent contribuer à ces résultats.

La liste des cités et pays appelés à bénéficier en dix ans de ces dispositions est dressée : 1 250 000 Aquitains, la moitié de la population de la région, devrait, sur la décennie, être touchée par cette politique.

Le « dispositif technique de la politique contractuelle » mis en place comprend, avec d'autres aménageurs, le délégué régional à la formation professionnelle assisté d'un représentant de l'Agence Nationale pour le Développement de l'Education Permanente.

Il est, en effet, prévu que les collectivités locales responsables de la mise au point des opérations destinées à créer de l'emploi et à améliorer le cadre de vie pourront passer convention avec la Préfecture de région pour que soient organisées les formations pouvant aider à la mise au point et à la réalisation des contrats de pays ou de ville moyenne.

Parallèlement, l'Association pour la formation en milieu rural recevait mission de former les agents de développement, ressortissants des compagnies consulaires (agriculture, commerce et industrie, métiers), agents des directions départementales de l'Equipement et de l'Agriculture, et des Groupements d'Etablissements de l'Education (Greta). Pouvaient également suivre ce cycle les autres institutions intéressées (syndicats de pays, organismes à vocation culturelle, parc naturel régional, universités).

Cette formation permettait de rapprocher dans une recherche commune des responsables qui trop souvent se connaissaient mal. Elle a produit une étude sur le rôle possible des contrats de pays dans le développement du monde rural aquitain et sur la place de la formation dans les contrats de pays.

Cette dernière se précise aussi dans les faits : avec le

concours de l'A.D.E.P., les responsables des collectivités désireuses d'associer la formation à la réalisation des contrats, établissent un inventaire des besoins et retiennent un organisme de formation appelé à préciser les projets de stage correspondants. Si le programme ainsi préparé est approuvé par une délibération de la collectivité concernée, assortie d'un engagement sur une participation symbolique, le programme correspondant peut être ratifié et financé dans les deux mois grâce à une convention régionale.

Le Contrat de Pays de la Soule

Le programme de formation organisé en liaison avec le Contrat de Pays de la Soule est le plus élaboré du dispositif « Aquitaine ». La Vallée de la Soule, une des sept provinces du Pays Basque, voit sa population — 16 000 habitants sur 1 000 km^2 — régresser depuis quinze ans. Les activités principales y sont l'agriculture — dominée par l'élevage (transhumance) — un artisanat important et de qualité, très peu d'industrie et l'apparition du tourisme de masse.

L'unité culturelle de la zone a facilité la constitution de groupes d'agriculteurs ayant les mêmes objectifs. Les intéressés ont, en général, dans le cadre de ces formations-production inventé et mis en œuvre leurs solutions dans des domaines tels que :

- maîtrise du foncier bâti et non bâti ;
- organisation des circuits de commercialisation du bétail et rôle des marchés locaux ;
- définition et mise en place d'unité de traitement du lait ;
- prophylaxie ovine ;
- gestion et innovations économiques dans les entreprises locales ;
- conception et gestion d'équipements collectifs de réunion, d'information, de formation, de vie culturelle pour les habitants ;

- formateurs occasionnels ou professionnels pour la transmission du patrimoine culturel local, etc.

Le projet de formation des ruraux en Ardèche

Les difficultés du département de l'Ardèche ont des origines plus lointaines que la crise de 1973, qui les a cependant amplifiées. Ces difficultés sont pour une large part démographiques, l'exode rural entraînant le vieillissement de la population résidente.

En 1975, la tranche d'âge de plus de 60 ans représentait 23,5 % de la population (moyenne Rhône-Alpes 16 %). Pour 257 000 habitants, 90 000 actifs étaient dénombrés (35 % — moyenne régionale 42 %).

Beaucoup de structures productives, entreprises agricoles, artisanales, industrielles ou commerciales, sont vétustes. Le taux de chômage est élevé (au 30/9/82, 9,8 % — moyenne régionale 8,3 %).

Ce contexte explique le lancement, en 1977, du programme « Formation des ruraux en Ardèche » sur financements conjoints du Fonds de la Formation Professionnelle et du Fonds Social Européen, le promoteur étant le Centre d'Etudes et de Formations Rurales Appliquées (C.E.F.R.A.)[9].

Après les études préalables nécessaires, le programme a démarré par une année environ de sensibilisation. Des opérations très courtes étaient offertes aux publics les plus défavorisés qui, de par leur retard scolaire et leur isolement géographique, peuvent être qualifiés de « doubles exclus de la formation ».

Ces opérations et les cycles plus longs qui ont suivi

étaient organisés au plus près des demandeurs et avec le concours des formateurs locaux.

Le programme comportait deux orientations :

- les opérations de sauvegarde des emplois traditionnels et des activités existantes. Elles regroupaient consolidation et restructuration du secteur d'emploi agricole, relance de l'emploi micro-industriel et artisanal, formation des personnels des activités sociales, hospitalières et paramédicales en milieu rural, formation aux métiers du tourisme diffus ;

- les formations inductrices de développement. Elles restauraient les pratiques de la pluri-activité en zone rurale déprimée, contribuaient à la création d'entreprises et à la prise de responsabilités économiques, familiarisaient les responsables locaux aux nouveaux rôles des collectivités locales.

La distinction entre les formations du premier et du deuxième groupe ne doit pas masquer la complémentarité des deux démarches. Des activités exogènes ne peuvent en effet s'implanter que si les activités « endogènes » s'assainissent et se développent, régénérant le tissu économique et social au point que celui-ci puisse à la fois sécréter l'innovation et la supporter.

Les formations de maintien font en particulier apparaître les solidarités naturelles qui associent les destinées de tous les acteurs d'une zone.

14 % de la population active

Le souci de rapprocher les formations des stagiaires a permis de toucher des effectifs considérables : 1 200 en 1977, 4 200 en 1978, 3 500 en 1979 et 1980, soit au total plus de 12 000 personnes physiques (les doubles inscriptions étant éliminées de ces évaluations), 14 % de la population active ayant un emploi dans le département et près de 5 % de la population totale.

Ces taux sont supérieurs à ceux cités au début du présent chapitre en ce qui concerne les actions de formation collective. Ces résultats prouvent que des formations d'un nouveau type peuvent mobiliser des ruraux et particulièrement les catégories habituellement exclues. Cependant, les demandes correspondantes n'ont été prises en considération que dans la mesure où le C.E.F.R.A. promoteur de l'opération en facilitait l'expression et offrait la formation au plus près des formés. Les médiateurs ou interprètes traditionnels de la demande de formation (organismes consulaires, établissements de l'Education) semblent mal placés pour recueillir de telles demandes.

L'opération s'est progressivement féminisée (de 19 % en 1977 à 40 % en 1979), 14 % des stagiaires environ ayant moins de vingt-cinq ans, 48 % de vingt-cinq à cinquante ans et 38 % plus de cinquante ans. Ce dernier ratio reflète la pyramide des âges[10] vieillie de l'Ardèche mais aussi que la formation peut mobiliser toutes les tranches d'âge. Les femmes ont souvent joué, dans les formations, un rôle dynamique.

Les agriculteurs représentaient 66 % du public en 1977 et 48 % en 1979. Pendant la même période, les cadres passaient de 9 à 3 %, les patrons de l'industrie, artisanat ou commerce de 2 à 22 % et les sans-emploi de 5 à 26 %.

Au travers des participants, le programme aura respectivement touché en 1977-1978 et 1979, 70 et 80 % des communes du département.

Il est impossible d'examiner toutes les formations mises en œuvre dans ce programme. Les plus originales sont rappelées ci-après avec leurs résultats.

Formations consolidant des activités existantes

Les stages ouverts aux artisans du bâtiment de l'Ardèche ont aidé au développement de la S.O.C.A.B.A. (Société Coopérative des Artisans du Bâtiment de l'Ardèche, créée en novembre 1977). Deux animateurs relevant respectivement de la Chambre des Métiers et du C.E.F.R.A. organisent les stages.

La S.O.C.A.B.A. a vu croître ses adhérents de 117 à 190 et compte, en 1979, cinquante maisons au lieu de dix dans son carnet de commandes.

Le programme aide aussi au développement du Groupement des Ebénistes et Ouvriers de l'Ardèche (G.E.M.A.), renforçant les entreprises qui le constituent. Au travers d'un stage de cent vingt heures, soixante femmes d'artisans et de commerçants ardéchois se sont fait reconnaître comme des agents actifs du développement, reprenant parfois en main des affaires en difficultés et en développant d'autres.

Adjonction d'activités complémentaires à l'activité principale

Au 1er octobre 1979, cent soixante-douze personnes étaient orientées par des formations vers les métiers du tourisme sportif. Pendant l'hiver 1978-879, cinquante anciens stagiaires ont travaillé à temps complet pendant deux mois et autant de façon occasionnelle, comme moniteurs de ski de fond. Les gains totaux de la première catégorie sont estimés à 280 000 francs.

Les stagiaires accèdent aux titre d'état d'accompagnateurs de randonnée ou de moniteurs de ski de fond, ce qui met les populations, notamment celles des hauts plateaux, en bonne posture pour gérer ses richesses touristiques.

La formation à l'accueil des enfants dans les familles rurales ont abouti à la création de quatre associations d'accueil dans les pays de Doux, Boutières, Cévennes et Basse-Ardèche.

En 1979, le chiffre d'affaire global de ces quatre associations était de 210 000 francs.

Les stages visant la création de fermes-auberges et de tables d'hôtes ont permis la constitution d'une association départementale des fermes-auberges, qui met au point, entre autres choses, une charte de qualité.

De très nombreuses actions ont des effets micro-économiques et micro-sociaux permettant la transmission d'une génération à l'autre de savoir-faire anciens (travail de la laine, du cuir, teintures végétales) ou la mise au point de prototypes, dans de nouveaux ateliers (matériaux, argile et dispositifs de captage solaire).

Aides ménagères et assistantes maternelles ont également été formées en nombre croissant (2 stages en 1977 et 5 en 1979), apportant des revenus d'appoint en développant le rôle des femmes dans le monde rural, en liaison avec les associations concernées.

Formations tendant à la création de nouveaux emplois et de nouvelles activités

Leur lancement a pu être engagé en 1979, le programme antérieur ayant suffisamment revitalisé le tissu local.

Il a fallu envisager des formations longues car, dans la plupart des cas, les candidats possédaient au mieux, en technologie et gestion, les qualifications requises d'un salarié du secteur considéré. Les candidats — cinquante pour l'année 1979 — ont été choisis sur la pertinence du projet initial, son intégration dans le contexte local, la personnalité des candidats, les capacités financières existantes et éventuellement l'aspect innovateur de la proposition.

Ces opérations sont évoquées, à titre principal, dans l'annexe II, consacrée aux créations d'entreprises. Elles ont toutes comporté une partie personnalisée de mise au point du projet. Plus de la moitié des stagiaires du stage 1 200 heures ont lancé leur projet et un quart des candidats du stage essentiellement féminin aux artisanats de service liés à l'habitat. En outre, une dizaine de stagiaires ont trouvé une activité salariée au terme de la formation.

Ces stages accréditent, en milieu rural ardéchois, l'idée qu'il est possible de concourir à la création de son propre emploi à partir de projets jusqu'ici peu soutenus par les organisations professionnelles et le recrutement des stages 1980 s'en est trouvé amélioré notamment parmi les publics féminins.

La réflexion suscitée par ces expériences n'est sans doute pas étrangère à la création par les élus locaux d'une association encourageant la création d'entreprises en Ardèche.

Les élus locaux

Le stage organisé en fin de programme pour les élus locaux avec l'Association des Maires de l'Ardèche aura abordé quatre thèmes: réflexions sur le pouvoir local, les finances locales, collectivités locales et développement économique, aménagement de l'espace communal. Cent vingt-quatre personnes (dont cinquante-deux maires et trente-neuf adjoints) ont, même inégalement, participé à ces rencontres, 21 % des communes du département étant représentées. Ce résultat témoigne aussi de l'efficacité de la sensibilisation générale obtenue par le C.E.F.R.A. parvenu ainsi à organiser une formation aidant certains décideurs locaux à « produire » les schémas de développement qu'ils offriront aux groupes humains dont ils émanent.

Alpes du Nord

Le programme Alpes du Nord, lancé depuis 1978, est intermédiaire entre l'opération « Vallée de la Soule » et l'opération « Formation des ruraux en Ardèches ».

Comme le premier, il associe étroitement la formation au progrès des contrats de pays concernant la région des Baronnies dans la Drôme, la Vallée du Haut-Giffre en Haute-Savoie, la Chartreuse dans l'Isère et le Beaufortin dans la Savoie.

Mais le promoteur, l'Association de Formation des Ruraux aux Activités du Tourisme (A.F.R.A.T.) développe, au préalable, un système de cycles courts de sensibilisation rappelant l'expérience ardéchoise.

Le programme de formation des Baronnies

Le projet le plus avancé est lié au contrat de pays des Baronnies (Drôme).

Le pays des Baronnies (17 000 habitants) au sud du département de la Drôme, est marqué par une forte opposition économique entre les vingt-cinq communes de vallée en expansion démographique, et les cinquante communes de montagne en nette régression.

La population des ménages agricoles se réduit dans ces communes également marquées par un faible taux d'emploi féminin et le fait que l'agriculture y reste dominante, les mêmes individus pratiquant souvent plusieurs activités.

En liaison avec le Syndicat d'Aménagement des Baronnies, l'Association de Formation des Ruraux aux Activités du Tourisme offre principalement des formations liées :
- aux activités agricoles (transformation et commercialisation des produits agricoles locaux, formation technique aux élevages ovins et caprins, culture des petits fruits...);
- à l'organisation du territoire (problèmes fonciers, amélioration-restauration de l'habitat ancien...);
- à la création ou au développement de structures productives (création d'entreprises artisanales, essor de l'accueil en milieu rural...);
- à l'amélioration de la vie sociale (éducation des enfants, développement de la vie des associations, de la vie municipale, stages d'aide-ménagères...).

Section IV: Programmes de formation au développement liés à l'aménagement du territoire (zones industrielles)

Deux expériences seront examinées :
- le complexe d'Achfeld Murboden en Autriche;

- le programme des formations liées au redéploiement économique du département de la Loire.

Achfeld Murboden

L'Association pour la promotion économique et la planification régionale d'Achfeld Murboden en Autriche regroupe dix-sept communes, pour une région qui rassemble 70 000 habitants sur 120 km².

Cette région, isolée par son site montagneux (Haute-Styrie) est d'industrialisation ancienne, la main-d'œuvre correspondante, concentrée à 70 % sur quatre communes, étant spécialisée dans les industries extractives, la production et la transformation du papier. De ce fait, la zone a été très tôt en crise de reconversion, la fermeture d'une mine de lignite ayant supprimé d'un coup mille deux cents emplois.

En mars 1970, un programme régional axé sur la diversification des industries et le développement des transports a été lancé. Il a comporté les aménagements permettant les reconversions des qualifications existantes et l'adaptation de l'enseignement technique initial :
- établissement d'enseignement secondaire technique à Zeltineg, métiers de la mécanique et du bâtiment : 800 places ;
- école de gestion et académie de commerce fédérale à Judenburg : 900 places ;
- centre de formation pour adultes pensionnaires à Fohnsdorf ;
- école de formation professionnelle pour les travailleurs métallurgistes du Laüd.

Les résultats

La diversification industrielle intervenue à la suite de la

fermeture des mines de lignite (1 200 licenciements) s'est traduite par l'implantation de deux grandes entreprises — Bauknecht (600 salariés) spécialisée dans l'électrotechnique et Eumig (500 salariés, fournis la plupart du temps par le centre de formation de Fohnsdorf) — et la création de trois mille autres emplois dans l'électrotechnique et le tertiaire.

De ce fait, Achfeld Murboden connaît, malgré ses difficultés passées, une situation de plein emploi, alors qu'il existe, en Autriche, des secteurs géographiques où le taux de chômage atteint 8 %.

Le Centre de formation d'adultes de Fohnsdorf a joué, dans la bonne réalisation du programme, un rôle déterminant.

Il résulte des volontés conjointes de l'Etat, des communes, des organisations professionnelles d'employeurs et de travailleurs, des organismes consulaires.

Formations « flexibles »

Il développe des formations flexibles adaptables très rapidement aux contraintes des entreprises, en faveur de près de 2 600 personnes, anciens mineurs ou jeunes demandeurs d'emploi. 70 % des stagiaires sont formés pour les emplois à pourvoir à long terme, et 30 % sont en réserve pour les recrutements devant intervenir à court terme. Cent cinquante-quatre spécialités sont enseignées, du tournage à la sténodactylographie, en passant par la soudure, l'hydropneumatique et la conduite de chantier.

Le succès de ce programme de maintien au pays de populations de forte culture industrielle — un mouvement de retour de personnes ayant émigré vers l'ouest commence même à se dessiner — doit beaucoup au rôle accordé à la formation. Intégrée au projet comme un outil de développement, elle a permis à de nombreux chômeurs de supporter leur licenciement grâce aux nouvelles qualifications acquises, et aux entreprises de faire face aux adaptations technologiques nécessaires.

Il faut apprécier ces résultats dans le contexte socio-économique autrichien: jouissant de larges pouvoirs d'orientation, les communes ont pu, dans ce cas précis, associer à leurs programmation et réalisation l'Etat et les partenaires sociaux. Ces trois groupes de responsables sont devenus les interlocuteurs du système de formation qu'ils avaient créé ensemble, et le système a dû fonctionner sur leurs directives concertées conjointes, renforcées par les traditions culturelles de ce pays minier.

Les stagiaires se trouvaient, de fait, représentés dans cet ensemble par leurs mandataires communaux ou professionnels, ceux-ci relayant l'information entre les structures et le public.

La réussite du projet tient à ce que la formation sort du strict cadre professionnel. Elle anime les participations individuelles et collectives nécessaires aux projets de développements locaux.

Comme l'écrit Jean-Michel Jacquet, rapporteur de la visite du projet Achfeld Murboden[11], l'éducation des adultes, animatrice du développement local dans une perspective d'aménagement du territoire, «peut être plus qu'un simple lieu institutionnel de gestion sociale des crises économiques locales, mais bel et bien un facteur d'appropriation des projets par les populations dans la mesure où une part de ceux-ci sont issus d'une «invention» collective locale».

La réussite de l'expérience d'Achfeld Murboden a pour contrepartie le coût exceptionnel du projet en équipement [12] et fonctionnement, contrepartie de la mise en place d'un dispositif de formation conçu pour rester toujours adaptable en dépit de son importance.

Formations liées au redéploiement économique et social dans le département de la Loire

Le programme intitulé « Formations liées au redéploiement économique et social dans le département de la Loire » est d'une conception très différente.

Il concerne une zone géographique anciennement industrialisée mais dans laquelle l'économie rurale concerne encore 6,7 % des actifs.

Par suite de restructurations successives qu'ont connues les industries des charbonnages et de la métallurgie sur lesquelles était fondée la prospérité antérieure du département, la Loire voit depuis plusieurs années sa situation sociale se dégrader, le taux de chômage atteignant 10,6 % au 30 septembre 1982, soit deux points de plus que la moyenne régionale.

Demandeurs d'emploi = ressources humaines

La formation est un des moyens par lequel les pouvoirs publics espèrent surmonter ces difficultés. Pour cela, la plupart des organismes de formation publics et privés du département ont formé une association, l'Association de Coordination des Formations pour le Redéploiement Economique de la Loire (A.C.O.F.R.E.L.) qui gère un programme partant de l'hypothèse suivante: les demandeurs d'emploi constituent des ressources humaines susceptibles de trouver, en grande partie en eux-mêmes, les moyens de leur retour à l'activité.

Le schéma général de lancement était le suivant: chaque organisme concerné [13] réunit, dans des groupes de formation recherche, des demandeurs d'emploi — souvent des cadres — avec des responsables d'entreprises et divers animateurs choisis en raison de leurs compétences particulières dans la matière retenue par le groupe.

Les demandeurs d'emploi sont les rapporteurs du groupe et préparent, dans une perspective de formation-production, les travaux collectifs susceptibles de déboucher sur des propositions opérationnelles. Les groupes exploitent ainsi les études préexistantes, les enrichissent les unes par rapport aux autres et font procéder à des recherches complémentaires, notamment pour déterminer de nouvelles opportunités de production.

Les formations ont démarré au printemps 1980. Les demandeurs d'emploi, ressources humaines et non pas poids mort social, sont mis, dans les stages, en situation active et réelle pour développer un projet et connaître son environnement en s'appuyant sur les moyens d'animation et de documentation de l'organisme et du groupe dont ils font partie.

Prévue pour trois ans, l'opération touchait dès 1980, environ quatre cent vingt stagiaires répartis entre les deux bassins industriels de Roanne (94 stagiaires) et de Saint-Etienne (192 stagiaires) et les sept cantons ruraux les plus défavorisés du département (132 stagiaires) [14].

Les principales actions lancées sont de quatre types: créativité, enquête diagnostic, création d'entreprises et formations professionnelles classiques.

Créativité (Chambre de Commerce de Saint-Etienne)

Il s'agit de vulgariser, dans les entreprises, les techniques de créativité pouvant aider à diversifier les productions. Les secteurs visés dans un premier temps sont le matériel électrique, la recherche universitaire, les collectivités locales, la production.

Enquêtes-diagnostics

La plus caractéristique est proposée par le Centre Interprofessionnel de Promotion de la Loire (C.I.P.L.) et l'Institut d'Administration et d'Economie des Entreprises (I.A.E.E.) de Saint-Etienne.

En petits groupes, les stagiaires identifient à partir des bases de données des promoteurs, des opportunités d'activités nouvelles et commencent à les tester. Est ainsi envisagée la création de deux sociétés de service, une de gestion à l'exportation et l'autre constituant une force de vente intérimaire. Les deux autres projets étudient respectivement les flux de sous-traitance dans la Loire et la robotique.

La Chambre de Commerce et d'Industrie de Roanne développe des enquêtes-diagnostics plus courtes avec le concours des industriels concernés. Sont ainsi étudiés : la mécanosoudure, les automatismes, les moyens de développement des petites et moyennes industries, les machines textiles et les économies d'énergie.

En zone rurale, le L.E.P. Sampaix de Roanne a lancé lui aussi des enquêtes-diagnostics avec cent cinq stagiaires. Après avoir travaillé en sept groupes (un par canton), quels que soient leurs projets, les intéressés ont été regroupés par affinités en neuf autres groupes : gestion artisanale, tourisme, association de travail à domicile, animation rurale, services aux particuliers, implantation de commerce, artisanat d'art, nouveaux produits agricoles, recherche d'emploi, divers. Quatre-vingts des stagiaires continuent par des formations-production comportant des stages pratiques.

Créations d'entreprises

Les stages correspondants sont conformes à certains modèles examinés au chapitre II. En quatre cent cinquante heures, l'I.A.E.E. de Saint-Etienne compte amener douze cadres demandeurs d'emplois à créer leurs entreprises (cinquante-cinq emplois induits).

L'Université de Saint-Etienne, en liaison avec la Chambre des Métiers, développe une formation alternée de création d'entreprises artisanales (niveau C.A.P. — une semaine de stage, deux semaines d'application sur le terrain).

En 1980, deux cycles de vingt stagiaires chacun (durée 520 heures) auront été ainsi organisés. Quinze créations effectives sont attendues à l'issue du premier stage.

Le Centre de Formation Professionnelle et de Promotion Agricole de Montbrisson Prétieux (C.F.P.P.A.) prépare, au travers du B.P. d'agriculture-élevage, l'installation de douze jeunes agriculteurs.

La Chambre de Commerce et d'Industrie de Roanne forme, dans le cadre du même projet, des soudeurs qualifiés, des ouvrières à domicile polyvalentes en bonneterie qui seront ensuite employées par une association de travail à domicile créée avec le soutien de la Chambre de Commerce et d'Industrie et de la Chambre des Métiers.

L'A.C.O.F.R.E.L. devait au moyen de la formation dynamiser les activités économiques du département, privilégier le placement des demandeurs d'emploi. Agissant de façon « synergique et unitaire », les organismes publics et privés composant l'A.C.O.F.R.E.L. ont procédé à l'exploration des potentiels socio-économiques de la Loire et à leur réactivation et recouru à une pédagogie appropriée.

« L'exploration économique »[15] a été réalisée de façon sectorisée :

- Tous les secteurs géographiques ont été visités grâce à l'implantation des membres de l'A.C.O.F.R.E.L. sur l'ensemble du département : le bassin d'emploi de Roanne par la C.C.I. et le Greta de cette ville ; le bassin d'emploi de Saint-Etienne par le C.E.R.I.C., la C.C.I., le C.I.P.L.-I.A.E.E., l'Université et le Greta de Saint-Etienne Ondaine ; les zones rurales du département par le C.F.P.P.A., de Pretieux et les Greta de Roanne et de Montbrison.

- Toutes les branches d'activité ont été concernées : agricole, industrielle, commerciale, touristique, artistique, ainsi que tous les types : grandes, moyennes et petites entreprises, artisans, exploitations rurales, grandes surfaces, petits commerces, coopératives et associations.

- Tous les secteurs : la recherche, l'innovation, les techniques de fabrication, la commercialisation, l'exportation, l'organisation, la gestion.

Cette exploration, à laquelle ont participé à la fois les institutions économiques (chambres de commerce et d'industrie, chambres des métiers, chambres syndicales, chambre d'agriculture, etc.), les institutions publiques (Préfectures, Agences pour l'Emploi, Direction du Travail), les institutions locales et les élus, les stagiaires eux-mêmes et les intervenants des organismes de formation, a nécessité la visite de plusieurs centaines d'entreprises et l'information individuellement ou en réunion d'un nombre de personnes bien supérieur au millier.

Par exemple, dans des domaines aussi variés que la biochimie, la chimie minérale, les économies d'énergie, le textile, les enquêtes et les formations organisées par la C.C.I. ont permis de recenser un potentiel important de produits nouveaux capables de diversifier des productions industrielles ou d'aboutir à des créations d'entreprises. Le soutien logistique de l'ensemble des sections spécialisées d'une C.C.I. a joué, évidemment, un rôle important dans ce type d'actions.

Les enquêtes-diagnostics, organisées par le C.I.P.L.-I.A.E.E., de Saint-Etienne et la C.C.I. de Roanne, en milieu industriel, ont permis de déterminer un certain nombre de difficultés communes à beaucoup d'entreprises et qui obèrent leurs capacités de production, de gestion ou de commercialisation.

Il en est résulté la mise en place de huit stages de formation :
- « Assistance aux P.M.E. » pour les problèmes de gestion et d'organisation (C.C.I. de Roanne).
- « Force de Vente Intérimaire » (C.I.P.L.-I.A.E.E. de Saint-Etienne).
- « Aide à l'exportation » (C.I.P.L.-I.A.E.E. de Saint-Etienne) pour les problèmes de commercialisation.
- « Automatismes » et « Mécano-Soudure » (C.C.I. de Roanne), « Agents Qualité » (C.I.P.L.-I.A.E.E.) pour les problèmes de production.
- « Sous-traitance » (C.I.P.L.-I.A.E.E.) qui répond à la fois aux deux derniers types de difficultés.

Que ce soit comme salariés d'entreprise, comme créateurs de sociétés de service ou comme animateurs d'une association inter-entreprises, les stagiaires sont désormais aptes à répondre aux besoins décelés par les enquêtes : le « Bureau de la Sous-Traitance » créé par deux stagiaires auxquels doit s'adjoindre un troisième issu de la formation « Agents-Qualité » en est un exemple particulièrement probant...

Les créations d'entreprises ont été importantes. En ne prenant en compte que les stagiaires qui ont terminé leur formation au 30 décembre 1980, on constate 57 créations d'entreprises, généralement individuelles (7 seulement comportent de 2 à 6 associés); 28 ont été créées à la suite des stages « diagnostic-production » (dont 18 en zone rurale et 10 en milieu urbain); 29 à la suite des stages « créations d'entreprises » organisés par le C.F.P.P.A. (8), le C.E.R.I.C. (2), l'Université (13) et le C.I.P.L.-I.A.E.E. (6).

Cela représente, il faut le rappeler, un quart des stagiaires ayant terminé leur formation et près de la moitié des sorties « positives ».

Outre les bénéfices matériels et humains qu'ont tirés les créateurs d'entreprises eux-mêmes, les résonances socio-économiques de ces réussites sont nombreuses : emplois induits (ou en comptait seize au 31 décembre), soutien logistique aux entreprises existantes, réactivation d'une aire, d'une branche ou d'un type d'activité économique, apport touristique et culturel, développement de mouvement associatif, insertion de nombreuses femmes dans l'activité socio-économique...

L'action menée par tous les membres de l'A.C.O.F.R.E.L. a donc été double :

- exploration et réactivation du potentiel de développement soit des entreprises par l'information — donc la formation — des responsables, soit des zones, soit des secteurs d'activités;

- exploration et réactivation du potentiel d'investissement humain, technique et financier des demandeurs d'emploi — selon sa spécificité — on pourrait dire aussi selon sa sensibilité. Chaque organisme a pu privilégier quelque peu l'une ou l'autre de ces formes d'action. Cependant, s'il y a différence d'intensité, il n'y a pas eu différence de nature dans leurs modalités opératoires.

L'A.C.O.F.R.E.L. a bien servi « d'interface » entre ces deux potentiels. C'est le premier constat de son évolution synergique et unitaire.

Une pédagogie appropriée a été mise en œuvre. Que ce soit dans ses objectifs, dans ses contenus ou dans ses modalités, les formations dont ont bénéficié les stagiaires ont été élaborées grâce à une *concertation tripartite* à laquelle ont participé les entreprises et les agents économiques, les formateurs et les formés eux-mêmes.

Les actions menées présentent quatre caractéristiques communes :

- L'existence d'une phase « diagnostic » au cours de laquelle a été réalisée l'exploration du potentiel interne du stagiaire et du potentiel économique externe puis élaboré un plan de formation permettant leur adéquation. La fiabilité de cette exploration et de cette élaboration repose ici aussi, sur l'intervention conjointe des agents économiques des stagiaires et des formateurs.

- La pratique de l'alternance, c'est-à-dire la co-participation des entreprises à l'activité pédagogique par l'utilisation de leurs capacités humaines et techniques, sans qu'il s'agisse d'une simple opération d'adaptation à un poste de travail.

- Le recours maximum à l'exercice des responsabilités par les stagiaires eux-mêmes : enquêtes économiques et techniques, autodiagnostics, évolution des contenus et des méthodes de formation, recherche d'emplois ou d'implantation ont été réalisés pour la plus grande part par les intéressés.

- On conçoit aisément que, dans ces conditions, la formation ne puisse être que personnalisée. Chaque stagiaire, ou presque, élaborant son propre projet professionnel et le plan de formation correspondant, le suivi, le contenu, l'implantation, les recherches d'emploi ou d'installation ont dû être individualisés.

De même que les stagiaires et les organismes de formation se transformaient en agents économiques, de même ici, on voit les stagiaires et les entreprises devenir des co-formateurs.

Cette concertation permet d'échapper à la fois aux scléroses des pédagogies traditionnelles et aux utopies des pédagogies non directives. Tous les membres de l'A.C.O.F.R.E.L. ont eu recours aux mêmes méthodes : enquêtes fiables, alternance, formations responsabilisées et individualisées.

Le programme « Formations liées au redéploiement économique du département de la Loire » diffère considérablement du seul autre projet décrit à propos d'une zone industrielle, Achfeld Murboden. Il ne comporte, pour l'instant, création d'aucun équipement nouveau et confère aux formateurs publics et privés regroupés en association, une partie de responsabilités assumées par la concertation Etat, communes, partenaires sociaux, chambres consulaires dans le schéma autrichien.

Dans la Loire, l'intervention des pouvoirs publics est méthodologique, voire idéologique : elle postule que les demandeurs d'emploi constituent des ressources humaines à un point tel qu'il leur revient d'être très largement les inventeurs d'activités qui auront un effet d'entraînement général dont devraient bénéficier des parties non directement prenantes, individus ou entreprises, qui se trouveront traités comme l'ouvrier de la onzième heure de l'Evangile. Les directives des responsables économiques et financiers ainsi que celles de l'aménagement du territoire sont intégrées dans les bases de données offertes aux stagiaires et enrichies par eux.

La plupart des stages doivent, à plus ou moins long terme, créer les relations homéostatiques qui permettront de développer les structures productives existantes ou d'en créer de nouvelles sur des bases saines.

La flexibilité

Le projet Loire a toutefois en commun avec Achfeld Murboden la recherche de la flexibilité et de l'adaptation constante. Cet objectif est atteint par d'autres moyens, délégation de pouvoir implicite vers les formateurs et les stagiaires eux-mêmes se substituant à l'importance et au raffinement de l'équipement de formation technologique.

Tout se passe comme si les initiateurs du projet Loire, faute de pouvoir s'appuyer sur un système suffisamment décentralisé aux plans économique et politique, inventaient une décentralisation extrême, et découvraient, au-delà, les balbutiements d'une pédagogie du développement individuel-collectif.

Leur démarche est d'ailleurs cohérente avec l'évolution de la créativité économique entre 1970 et 1980. En 1970, la création d'emplois étant attendue des grandes unités industrielles exigeant des investissements lourds pour elles-mêmes et, par écho, pour les organismes de formation ayant à satisfaire leurs besoins en personnels qualifiés. A Achfeld Murboden, l'implantation des entreprises Bauknecht et Eumig sont en relation avec la création du centre de formation de Fohnsdorf.

En 1980, la création d'emploi est attendue du renouvellement et de l'expansion du tissu des P.M.I. et P.M.E. et, sauf exception, il est assez facile de se procurer toutes sortes de compétences technologiques. Il devient légitime de monter des systèmes de formation orientée sur le développement des petites entreprises et fondés beaucoup plus sur l'investissement humain constamment adaptable que sur l'investissement capitalistique créateur de contraintes à long terme en matière de formation comme de production.

Section V: Comparaisons

Conclusion sur les programmes de formation liés au développement de zones géographiques économiques

Cette revue des programmes de formation liés au développement d'une zone géographique, bien que partielle, paraîtra riche aux médecins «Tant mieux», confuse à leurs collègues «Tant pis».

Il est possible de les confronter à partir d'autres critères que ceux choisis pour leur présentation dans ce chapitre, qui différencient les opérations selon qu'elles se situent en zone rurale ou urbaine et procèdent d'une initiative locale ou gouvernementale.

Les programmes sont plus ou moins anciens

Ces expériences n'ont pas toutes le même âge et il est intéressant de les comparer selon qu'elles ont été lancées avant ou après la crise de 1973.

Les plus anciennes, celles de l'ère de l'abondance, regroupent toutes les opérations d'origine locale à dominante revendicative — réalisations québécoises, C.R.A.B.E. du Brabant.

Il faut y ajouter, parmi les opérations liées à l'aménagement du territoire, le programme d'Achfeld Murboden en Autriche. Enfin, bien qu'elles ne relèvent ni de l'aménagement du territoire ni d'initiatives locales, il convient d'agréger à cet ensemble les actions de formations collectives (A.F.C.) lancées sur le modèle proposé par Bertrand Schwartz depuis 1970, même si certaines d'entre elles sont postérieures à 1973.

Les A.F.C. de Bertrand Schwartz ont amené des publics défavorisés à la formation et fait inverter pour eux les C.A.P. par unité capitalisable.

Le programme d'Achfeld Murboden en Autriche montre que l'investissement « formation » convenablement choisi, régénère pour partie le tissu économique. Cet effort sans précédent est basé sur un investissement lourd qui permet des formations professionnelles flexibles. Le projet aide à l'installation de grandes entreprises et la reconversion de toute la zone vers l'électronique et le tertiaire.

Les stagiaires ne sont pas directement parties prenantes à la définition des programmes, mais leurs mandants, notamment représentants professionnels et élus locaux, jouent ce rôle. Sur ce point, ce projet se différencie des

A.F.C. et des expériences québécoises qui accordent aux stagiaires un rôle plus grand.

Si l'expérience du C.R.A.B.E. débouche sur une action revendicative efficace, les projets québécois construisent à partir de revendications analogues des structures productives offrant précisément les biens revendiqués. Dans les deux cas, par la recherche active de l'information, la production de dossiers et les débats, les stagiaires se forment presque seuls.

Apparition des formations-productions

La formation-production intervient dans ces hypothèses à deux niveaux: les stagiaires inventent leur programme d'autoformation et participent à la mise au point et au lancement des unités productives (clinique populaire, pharmacie, société de transports pour handicapés, etc.).

Les projets récents: des formations-productions collectives

Qu'il s'agisse du projet irlandais de Muntir na Tire ou des projets Aquitaine, Ardèche, Alpes du Nord ou Loire, la formation-production est partout présente dans les projets postérieurs à la crise. Cette formation-production ne consiste pas seulement, comme dans les A.F.C. de Bernard Schwartz, en une participation des stagiaires à la définition de leur programme; elle sert à:

- expérimenter des situations de travail qui deviendront bientôt opérationnelles (ainsi, la mise au point de nouvelles techniques de traite dans la vallée de la Soule - Aquitaine);
- créer des entreprise (Ardèche, Alpes du nord, Loire);
- préciser des programmes locaux de développement (tous les projets cités).

Malgré leur nom, les actions de formation collective de Bertrand Schwartz avaient pour but l'accès de publics déshérités, exclus habituels de la formation, à une promotion sociale individualiste par construction. L'obtention d'un diplôme de l'enseignement technologique ou toute démarche équivalente reste une ambition individuelle même si, comme le postulent les A.F.C., les intéressés n'adhèrent au projet qu'en constituant un groupe d'intérêt qui parvient à concevoir ledit projet et crée les conditions psychologiques de sa réalisation.

Que les groupes ainsi formés aient fréquemment souhaité, à peu de choses près, devenir de meilleurs bricoleurs est ambigu. Cela peut traduire l'insuffisance de l'hypothèse de départ, possibilité de remédier, par la promotion sociale, aux conséquences de la récession d'une zone.

Or, la reconversion d'une zone ne peut résulter de la somme des projets de promotion sociale de ses habitants. Il faut qu'une fraction de ceux-ci conçoivent leur promotion personnelle et même bien souvent la création de leur propre emploi, comme une démarche participant à la reconversion de leur région. A des degrés de conscience inégaux, ce schéma sous-tend tous les projets postérieurs à la crise.

Mais l'évolution spontanée d'une partie des stagiaires des A.F.C. vers le « bricolage » mieux appris pose une autre question. En obtenant de la formation qu'elle leur donne les moyens de produire pour leur entourage et renforce ainsi leur statut social, les stagiaires des A.F.C. esquissent peut-être la société économique de demain : la miniaturisation de multiples capacités de production engendrerait une moderne société de subsistance fondée sur la polyactivité d'individus à qui le salariat ou des formules équivalentes n'auraient à procurer que des ressources d'appoint.

Programmes revendicatifs et programmes liés à l'aménagement du territoire

Les programmes revendicatifs tels que les exemples québécois ou belges évoqués ci-dessus, se distinguent aussi des opérations liées à l'aménagement du territoire par leur spécialisation. Ils traitent, dans un périmètre donné, des intérêts de catégories sociales défavorisées amenant à l'autoformatoin une fraction d'entre elles, et les intéressent à des projets productifs limités au secteur de consommation mobilisateur, biens de santé, alimentation courante, transports en commun pour handicapés, etc.

L'acquis, supérieur à celui des actions de formations collectives de type français [16], reste en deçà des résultats obtenus par les opérations liées à l'aménagement du territoire.

Les expériences évoquées sous cette rubrique montrent que ces projets peuvent être plus mobilisateurs que les actions de formations collectives et les projets revendicatifs (le projet formation des ruraux en Ardèche aura touché 14 % de la population active, en trois ans) et qu'ils contribuent largement au redéploiement économique des zones où ils s'exercent.

Quel que soit le moment où ils ont été lancés, ces programmes ont dû, pour réussir, mettre à disposition des qualifications et des compétences « plastiques ».

Le fait le plus remarquable déjà noté à propos des seuls projets « industriels », est que cette exigence est croissante et que les procédures choisies évoluent toujours dans le sens du plus grand assouplissement. Achfeld Murboden est fondé sur un équipement lourd de formation suffisamment sophistiqué pour être adaptable et diversifié. Il ne traite que de formation professionnelle, en liaison avec de grandes entreprises qui s'installent et les activités qu'elles induisent.

Ce schéma, fonctionnel avant la crise, a été révisé instinctivement après 1974, la création d'activités et d'emplois nouveaux devant être beaucoup plus le fait de petites entreprises que de structures lourdes.

Les programmes de formation liés à l'aménagement du territoire qui se développent ensuite, misent davantage sur l'entretien et le développement de ces petites unités (l'A.P.A.M.A.C. dans le Massif Central), les autres projets y ajoutant la création d'unités nouvelles, et la participation à la conception du développement local.

En même temps, les chémas confient aux formateurs et aux formés des rôles plus importants. Le programme d'Achfeld Murboden était défini, a priori, par tous les responsables intéressés y compris élus locaux et organisations professionnelles, mais stagiaires et formateurs n'y ont guère participé directement.

La formation décentralisatrice

Il en va tout autrement dans les nouveaux projets où les aménageurs définissent une pré-programmation souple que promoteurs et stagiaires peuvent réorienter. L'assouplissement ainsi obtenu est considérable : les expériences de formation-production permettent d'apprécier à quelles conditions les créations d'activités en cours s'adapteront à l'homéostat économique et social.

Ces opérations amènent formateurs et formés à «produire» leurs propres programmes de développement, le fait d'agir dans un cadre géographique restreint les contraignant à passer outre aux clivages structurels que les organisations professionnelles expriment.

Les formations continuées liées au développement de certaines zones géographiques, expriment à la fois les besoins d'évolution culturelle [17] des habitants de cette zone et les moyens de les atteindre individuellement et collectivement, le programme étant d'abord action, et non pas comme dans les formules classiques d'enseignement, ingestion de connaissances éclatées.

NOTES

[1] Cf. en particulier les articles parus sur les actions collectives de formation dans *Flash formation continue,* revue du Centre Universitaire d'Information, de Recherche et de Documentation sur l'Education Permanente (C.U.I.D.E.P.) de Grenoble, les 15 mars et 1er avril 1980, articles de Michel Feutrie, maître-assistant à l'Université de Lille, responsable de ces actions au Centre Universitaire d'Enseignement et d'Education Permanente (C.U.E.E.P.). Sur Bertrand Schwartz cf. note 5, p. 93.

[2] Certains Certificats d'Aptitudes Professionnels (C.A.P.) sont découpés en unités indépendantes les unes par rapport aux autres ou successives si l'inscription dans une unité implique des acquis préalables. Les unités de formation générale sont valables pour plusieurs C.A.P.

[3] On entend par cours de promotion sociale, les cycles de formation financés par l'Etat au bénéfice des travailleurs soucieux d'améliorer leur condition sociale en poursuivant des études débouchant sur des diplômes en principe technologiques.

[4] Education Permanente et développement local — Actes du Colloque Franco-Belge, Herbeunont, Belgique 26/28-4-78 ADEP.

[5] Cf. supra, chapitre consacré à la formation-production, la note relative aux P.I.L.

[6] Cf. brochure ADEP — Education Permanente et Développement Communautaire, II Québec.

⁷ Cf. *Formation continue — Recueil d'activités innovatrices dans les Pays de la C.E.E.* (Centre Européen pour le Développement de la Formation Professionnelle).

⁸ Cf. *La Formation, instrument du développement économique et social. Contribution de l'Action éducative au développement local en zones rurales* — Etude réalisée par l'Agence pour le Développement de l'Education Permanente, pour le Secrétariat Général à la Formation Professionnelle.

⁹ Centre d'Etudes et de Formation Rurales Appliquées (C.E.F.R.A., Domaine Universitaire — Université Lyon II, 69500 Bron), cf. le rapport d'évaluation de cet organisme, au 31-12-79.

¹⁰ 23,5 % de plus de 60 ans (recensement 1975). Pour la France entière, le ratio homologue est 19 %.

¹¹ Conseil de l'Europe — Réseau européen de projets en interaction dans l'éducation des adultes. «L'éducation des adultes dans le cadre du développement des régions industrielles», DECS EES (79) 36 Strasbourg, le 14-11-1979.

¹² Pour 9 000 m² construit, l'ensemble achevé en 1975 a coûté 76 400 000 schillings.

¹³ C.E.R.I.C.-C.E.P.P.A. de Montbrison - C.I.P.L. - C.C.I. de Roanne - C.C.I. de St-Etienne - Greta de la Plaine du Forez - Greta de Roanne - Greta de St-Etienne - I.A.E.E. - Université de St-Etienne.

¹⁴ Cf. Formations liées au redéploiement économique de la Loire — Rapport d'Activités au 13 mai 1980 - J.A. Mathieu, Chargé d'études à l'A.D.E.P.

¹⁵ Extraits du 2ᵉ rapport d'activités de l'A.C.O.F.R.E.L.

¹⁶ Les programmes «revendicatifs» sont toutefois mis en cause au Québec: certains détracteurs les présentent comme la concession faite aux publics défavorisés qu'ils touchent pour que ceux-ci acceptent globalement leur condition. Les actions liées à l'aménagement du territoire, qui concernent en principe tous les habitants, prêtent moins le flanc à ce genre de critiques.

¹⁷ Culturel est ici entendu comme désignant des caractères acquis par les individus ou les groupes humains, ces caractères acquis s'opposant aux caractères innés.

Table des matières

Préface 5
Avant-propos 13
Introduction 17

PREMIERE PARTIE: LES SYMPTOMES DU CHANGEMENT 33

Chapitre I. - Formation-production et emploi 35
Chapitre II. - Les stages liés à la création d'entreprises 55
Chapitre III. - Formation et développement de zone 75
Chapitre IV. - La formation continuée authentique, une fonction nouvelle 95

DEUXIEME PARTIE: LES EXIGENCES DE LA FORMATION CONTINUEE 101

Chapitre V. - Le formation continuée doit s'enraciner dans un enseignement initial synthétique 103
Chapitre VI. - Permettre tout au long de la vie active la redistribution des « cartes » d'affectation sociale 113
Chapitre VII. - La décentralisation contractuelle 123
Chapitre VIII. - Pour une géographie active de la formation .. 135

TROISIEME PARTIE: PERSPECTIVES A MOYEN ET LONG TERME DE LA FORMATION CONTINUEE 145

Chapitre IX. - Formation continuée et essor des commerces économiques et culturels 147

Conclusion. - Le changement: une pédagogie 157

Annexe I. - La formation-production «élémentaire» 163

Annexe II. - Autres formations-productions: les stages liés à la création d'entreprises 175

Annexe III. - Troisième famille de formations-productions: celles liées à l'essor économique et social de certaines zones géographiques 187

PSYCHOLOGIE ET SCIENCES HUMAINES

collection publiée sous la direction de MARC RICHELLE

1. Dr Paul Chauchard
   LA MAITRISE DE SOI, *9ᵉ éd.*
5. François Duyckaerts
   LA FORMATION DU LIEN SEXUEL, *9ᵉ éd.*
7. Paul-A. Osterrieth
   FAIRE DES ADULTES, *16ᵉ éd.*
9. Daniel Widlöcher
   L'INTERPRETATION DES DESSINS D'ENFANTS, *9ᵉ éd.*
11. Berthe Reymond-Rivier
    LE DEVELOPPEMENT SOCIAL DE L'ENFANT ET DE L'ADOLESCENT, *9ᵉ éd.*
12. Maurice Dongier
    NEVROSES ET TROUBLES PSYCHOSOMATIQUES, *7ᵉ éd.*
15. Roger Mucchielli
    INTRODUCTION A LA PSYCHOLOGIE STRUCTURALE, *3ᵉ éd.*
16. Claude Köhler
    JEUNES DEFICIENTS MENTAUX, *4ᵉ éd.*
21. Dr P. Geissmann et Dr R. Durand
    LES METHODES DE RELAXATION, *4ᵉ éd.*
22. H. T. Klinkhamer-Steketée
    PSYCHOTHERAPIE PAR LE JEU, *3ᵉ éd.*
23. Louis Corman
    L'EXAMEN PSYCHOLOGIQUE D'UN ENFANT, *3ᵉ éd.*
24. Marc Richelle
    POURQUOI LES PSYCHOLOGUES?, *6ᵉ éd.*
25. Lucien Israel
    LE MEDECIN FACE AU MALADE, *5ᵉ éd.*
26. Francine Robaye-Geelen
    L'ENFANT AU CERVEAU BLESSE, *2ᵉ éd.*
27. B.F. Skinner
    LA REVOLUTION SCIENTIFIQUE DE L'ENSEIGNEMENT, *3ᵉ éd.*
28. Colette Durieu
    LA REEDUCATION DES APHASIQUES
29. J.C. Ruwet
    ETHOLOGIE: BIOLOGIE DU COMPORTEMENT, *3ᵉ éd.*
30. Eugénie De Keyser
    ART ET MESURE DE L'ESPACE
32. Ernest Natalis
    CARREFOURS PSYCHOPEDAGOGIQUES
33. E. Hartmann
    BIOLOGIE DU REVE
34. Georges Bastin
    DICTIONNAIRE DE LA PSYCHOLOGIE SEXUELLE
35. Louis Corman
    PSYCHO-PATHOLOGIE DE LA RIVALITE FRATERNELLE
36. Dr G. Varenne
    L'ABUS DES DROGUES
37. Christian Debuyst, Julienne Joos
    L'ENFANT ET L'ADOLESCENT VOLEURS
38. B.-F. Skinner
    L'ANALYSE EXPERIMENTALE DU COMPORTEMENT, *2ᵉ éd.*
39. D.J. West
    HOMOSEXUALITE
40. R. Droz et M. Rahmy
    LIRE PIAGET, *3ᵉ éd.*
41. José M.R. Delgado
    LE CONDITIONNEMENT DU CERVEAU ET LA LIBERTE DE L'ESPRIT
42. Denis Szabo, Denis Gagné, Alice Parizeau
    L'ADOLESCENT ET LA SOCIETE, *2ᵉ éd.*
43. Pierre Oléron
    LANGAGE ET DEVELOPPEMENT MENTAL, *2ᵉ éd.*
44. Roger Mucchielli
    ANALYSE EXISTENTIELLE ET PSYCHOTHERAPIE PHENOMENO-STRUCTURALE
45. Gertrud L. Wyatt
    LA RELATION MERE-ENFANT ET L'ACQUISITION DU LANGAGE, *2ᵉ éd.*
46. Dr. Etienne De Greeff
    AMOUR ET CRIMES D'AMOUR
47. Louis Corman
    L'EDUCATION ECLAIREE PAR LA PSYCHANALYSE
48. Jean-Claude Benoit et Mario Berta
    L'ACTIVATION PSYCHOTHERAPIQUE
49. T. Ayllon et N. Azrin
    TRAITEMENT COMPORTEMENTAL EN INSTITUTION PSYCHIATRIQUE
50. G. Rucquoy
    LA CONSULTATION CONJUGALE
51. R. Titone
    LE BILINGUISME PRECOCE
52. G. Kellens
    BANQUEROUTE ET BANQUEROUTIERS
53. François Duyckaerts
    CONSCIENCE ET PRISE DE CONSCIENCE

54 Jacques Launay, Jacques Levine et Gilbert Maurey
LE REVE EVEILLE-DIRIGE ET L'INCONSCIENT
55 Alain Lieury
LA MEMOIRE
56 Louis Corman
NARCISSISME ET FRUSTRATION D'AMOUR
57 E. Hartmann
LES FONCTIONS DU SOMMEIL
58 Jean-Marie Paisse
L'UNIVERS SYMBOLIQUE DE L'ENFANT ARRIERE MENTAL
59 Jacques Van Rillaer
L'AGRESSIVITE HUMAINE
60 Georges Mounin
LINGUISTIQUE ET TRADUCTION
61 Jérôme Kagan
COMPRENDRE L'ENFANT
62 Michael S. Gazzaniga
LE CERVEAU DEDOUBLE
63 Paul Cazayus
L'APHASIE
64 X. Seron, J. L. Lambert, M. Van der Linden
LA MODIFICATION DU COMPORTEMENT
65 W. Huber
INTRODUCTION A LA PSYCHOLOGIE DE LA PERSONNALITE, 2ᵉ éd.
66 Emile Meurice
PSYCHIATRIE ET VIE SOCIALE
67 J. Château, H. Gratiot-Alphandéry, R. Doron et P. Cazayus
LES GRANDES PSYCHOLOGIES MODERNES
68 P. Sifnéos
PSYCHOTHERAPIE BREVE ET CRISE EMOTIONNELLE
69 Marc Richelle
B.F. SKINNER OU LE PERIL BEHAVIORISTE
70 J.P. Bronckart
THEORIES DU LANGAGE
71 Anika Lemaire
JACQUES LACAN, 2ᵉ éd. revue et augmentée
72 J.L. Lambert
INTRODUCTION A L'ARRIERATION MENTALE
73 T.G.R. Bower
DEVELOPPEMENT PSYCHOLOGIQUE DE LA PREMIERE ENFANCE
74 J. Rondal
LANGAGE ET EDUCATION
75 Sheila Kitzinger
PREPARER A L'ACCOUCHEMENT
76 Ovide Fontaine
INTRODUCTION AUX THERAPIES COMPORTEMENTALES
77 Jacques-Philippe Leyens
PSYCHOLOGIE SOCIALE, 2ᵉ éd.
78 Jean Rondal
VOTRE ENFANT APPREND A PARLER
79 Michel Legrand
LE TEST DE SZONDI
80 H.J. Eysenck
LA NEVROSE ET VOUS
81 Albert Demaret
ETHOLOGIE ET PSYCHIATRIE
82 Jean-Luc Lambert et Jean A. Rondal
LE MONGOLISME
83 Albert Bandura
L'APPRENTISSAGE SOCIAL
84 Xavier Seron
APHASIE ET NEUROPSYCHOLOGIE
85 Roger Rondeau
LES GROUPES EN CRISE ?
86 J. Danset-Léger
L'ENFANT ET LES IMAGES DE LA LITTERATURE ENFANTINE
87 Herbert S. Terrace
NIM, UN CHIMPANZE QUI A APPRIS LE LANGAGE GESTUEL
88 Roger Gilbert
BON POUR ENSEIGNER ?
89 Wing, Cooper et Sartorius
GUIDE POUR UN EXAMEN PSYCHIATRIQUE
90 Jean Costermans
PSYCHOLOGIE DU LANGAGE
91 Françoise Macar
LE TEMPS, PERSPECTIVES PSYCHOPHYSIOLOGIQUES
92 Jacques Van Rillaer
LES ILLUSIONS DE LA PSYCHANALYSE
93 Alain Lieury
LES PROCEDES MNEMOTECHNIQUES
94 Georges Thinès
PHENOMENOLOGIE ET SCIENCE DU COMPORTEMENT
95 Rudolph Schaffer
COMPORTEMENT MATERNEL

96 Daniel Stern
MERE ET ENFANT, LES PREMIERES RELATIONS
97 R. Kempe & C. Kempe
L'ENFANCE TORTUREE
98 Jean-Luc Lambert
ENSEIGNEMENT SPECIAL ET HANDICAP MENTAL
99 Jean Morval
INTRODUCTION A LA PSYCHOLOGIE DE L'ENVIRONNEMENT
100 Pierre Oleron et al.
SAVOIRS ET SAVOIR-FAIRE PSYCHOLOGIQUES CHEZ L'ENFANT
101 Bernard I. Murstein
STYLES DE VIE INTIME
102 Rondal/Lambert/Chipman
PSYCHOLINGUISTIQUE ET HANDICAP MENTAL
103 Brédart/Rondal
L'ANALYSE DU LANGAGE CHEZ L'ENFANT
104 David Malan
PSYCHODYNAMIQUE & PSYCHOTHERAPIE INDIVIDUELLE
105 Philippe Muller
WAGNER PAR SES REVES
106 John Eccles
LE MYSTERE HUMAIN
107 Xavier Seron
REEDUQUER LE CERVEAU
108 Moreau/Richelle
L'ACQUISITION DU LANGAGE
109 Georges Nizard
ANALYSE TRANSACTIONNELLE ET SOIN INFIRMIER
110 Howard Gardner
GRIBOUILLAGES ET DESSINS D'ENFANTS, LEUR SIGNIFICATION

Hors collection

Paisse
PSYCHO-PEDAGOGIE DE LA LUCIDITE
Paisse
ESSENCE DU PLATONISME
Anna Michel
L'HISTOIRE DE NIM LE CHIMPANZE QUI PARLE
Collectif
SYSTEME AMDP
Boulangé/Lambert
LES AUTRES, L'EXPRESSION ARTISTIQUE CHEZ LES HANDICAPES MENTAUX

Dossiers

1 Rey
LES TROUBLES DE LA MEMOIRE
5 Kohler
LES ETATS DEPRESSIFS CHEZ L'ENFANT
7 De Waele
LES CAS PROGRAMMES EN CRIMINOLOGIE
9 Tissot
L'AGRAMMATISME
10 Bronckart
FORMES VERBALES CHEZ L'ENFANT

Manuels et Traités

2 Thinès
PSYCHOLOGIE DES ANIMAUX
3 Paulus
LA FONCTION SYMBOLIQUE ET LE LANGAGE
4 Richelle
L'ACQUISITION DU LANGAGE
5 Paulus
REFLEXES-EMOTIONS-INSTINCTS
Droz-Richelle
MANUEL DE PSYCHOLOGIE
Hurtig-Rondal
MANUEL DE PSYCHOLOGIE DE L'ENFANT (Tome 1)
Hurtig-Rondal
MANUEL DE PSYCHOLOGIE DE L'ENFANT (Tome 2)
Hurtig-Rondal
MANUEL DE PSYCHOLOGIE DE L'ENFANT (Tome 3)
Rondal-Seron
LES TROUBLES DU LANGAGE (DIAGNOSTIC ET REEDUCATION)